宝塚学検定 公式テキスト 新版

田辺 眞人／監修
公益財団法人 宝塚市文化財団／編

宝塚まちかど魅力発見！

神戸新聞総合出版センター

まえがき

宝塚学検定委員会　委員長
田辺 眞人

　本書は、2009（平成21）年に出版された『宝塚まちかど学』、2015（平成27）年の『宝塚まちかど学 新版』を大改訂した「宝塚学検定」の公式テキスト第3版です。

　各地のご当地検定は、その地の住民には地域への理解を通じて居住地に誇りや愛情を抱かせ、地域外の人々にはその土地への関心や魅力を感じさせて観光振興に大きく貢献し、生涯学習や学校の総合学習にも活用されています。宝塚では2010（平成22）年に宝塚市文化財団が主催して「宝塚学検定」を始めました。その後、宝塚市も主催者に加わり、宝塚市教育委員会・エフエム宝塚・宝塚商工会議所・宝塚市国際観光協会のほか、数多くの協賛企業や団体のご支援を得、独特な方法で永続され、コロナ禍をも乗り越えて発展してきました。そして、今年の市制70周年に、この新たなテキストが出版されることになりました。

　宝塚市は人口が約22万人で、神戸市の一つの区、近隣の西宮や尼崎の半分の人口です。そのため、従来は宝塚について学ぶためのテキストも極めて少ないのが実情でした。本書は検定の受検準備のためだけでなく、宝塚市について学ぶための手ごろで重要な参考書でもあります。より詳しく学ぶためには『宝塚市史』や『宝塚市大事典』をお勧めしたいと思います。

三田盆地から山間部に深い峡谷を刻んで流れてきた武庫川が、大阪平野の北西の角に流れ出す所が、宝塚駅周辺です。JRや阪急で大阪方面から来ると、宝塚は豊かな自然の入り口ですし、逆に、篠山や三田方面から来ると、宝塚は躍動的な大都市圏への出口です。市内には近隣最古の古墳をはじめとする多くの遺跡、古代からの神社仏閣－伊和志津神社・売布神社や清荒神清澄寺・中山寺ほか－など興味深い文化遺産があります。2023(令和5) 年には宝塚温泉は開湯800年を祝いました。市内にはのどかな西谷の農村地域に加えて、宝塚歌劇や手塚治虫記念館もあります。

　このような宝塚のまちかど学習に、本書をご活用ください。また、本書をより良いものにするために読者各位のご意見・ご教示を文化財団にお寄せください。最後に、本書の出版にご尽力くださった編集顧問の足立勲・河内厚郎・直宮憲一氏、主筆の谷口義子氏に謝意を記して、まえがきとさせていただきます。

2024（令和6）年10月10日

Contents 目次

まえがき 2

第1章 歩いて発見！宝塚

- 宝塚駅エリア　温泉と歌劇のまち 8
- 山本-清荒神エリア　巡礼道と園芸の里 14
- 小浜・伊子志エリア　歴史のまち歩き 20
- 武田尾エリア　桜の園と廃線敷ウォーク 26
- 西谷エリア　山里の自然に癒される 28
- 歴史散策と観光 32

第2章 文化と暮らし

文化芸術にふれる 36

宝塚歌劇を育んだまち　36　夢への扉、宝塚音楽学校　39
宝塚交響楽団とラスカ　40　宝塚国民座と宝塚新芸座　42
宝塚歌劇団男子部　43　宝塚文化創造館とすみれ♪ミュージアム　44
音楽のまち宝塚　46　映画のまち宝塚　48　手塚治虫と宝塚　50
宝塚とマンガ・アニメ作品　52　宝塚と落語　52　文学の舞台　54
美術と野外彫刻　57　宝塚市立文化芸術センター　60

宝塚の観光 61

宝塚で温泉と観光を楽しむ　61　宝塚温泉の開湯　63
宝塚新温泉の誕生　65　宝塚温泉と武田尾温泉　67
ウィルキンソン・タンサン　68　商店街とショッピングモール　69
宝塚ブランド「モノ・コト・バ宝塚」　71
宝塚市観光大使リボンの騎士「サファイア」　71

交通の発展 ························· 72
JR宝塚線と阪急電鉄　72　　市内外を結ぶバス路線　74
道路ネットワーク　74

ものづくり技術 ······················ 76
園芸のまち　76　　木接太夫・坂上頼泰　78
ダリアの球根栽培　79　　宝塚グルメの源泉　80
宝塚で生まれた宝交早生　82　　工業化とものづくり企業　83

教育・スポーツ ······················ 86
学校教育の歩み　86　　近代スポーツの普及　87
国民体育大会の開催　88　　多彩なハイキング道　89

第3章　宝塚の歴史

歴史を訪ねる ······················· 92
縄文・弥生時代の遺物　92　　多数の古墳群と窯跡　93
律令国家の成立へ　95　　山岳仏教の発展　95　　荘園の広がり　96
『平家物語』と清澄寺　97　　古代から中世の遺跡と遺物　99
戦乱の時代から近世へ　101　　寺内町、小浜の発展　102
領主の支配と村　104　　近世の産業と暮らし　105
巡礼道と近世の街道　107　　山田屋大助の乱　109
明治維新と村の統合　110　　宝塚温泉の開発と近代化　111
郊外住宅地の誕生　113　　花開くモダニズム文化　115
戦災と復興　117　　宝塚市の発足　117　　高度成長と住宅都市　118
阪神・淡路大震災　120　　新しいまちづくりへ　121　　宝塚の周年事業　122

文化財・史跡 ······················· 123
道しるべ　123　　神社仏閣と仏教美術　124　　街並みと民家　125
モダニズム・現代建築　127　　宝塚市内の指定文化財　130

宝塚の伝説と民話 ···················· 133
塩尾寺と宝塚温泉　133　　鹿の鏡井戸　133　　毫摂寺の亀姫　134
宝山寺のケトロン　135　　怪力の武者、坂上頼継　136
美女丸と幸寿丸　136

第4章　多様な自然

宝塚市のすがた ……………………………………………………………… 140
活断層によって生まれた地形　140　北摂（長尾）山地と六甲山地　141

まちを潤す川 …………………………………………………………………… 143
武庫川水系と猪名川水系　143　武庫川の利水と治水　144
伊子志の渡しと武庫川の橋　146　逆瀬川の砂防　147

植　物 ……………………………………………………………………………… 150
自然林と里山林　150　湿原とため池　151

動　物 ……………………………………………………………………………… 153
昆虫　153　水辺の生き物　154　野鳥・ほ乳類　155

宝塚の自然を守ろう ……………………………………………………… 157
生物多様性たからづか戦略　157　天然記念物と貴重な植物　157
生物多様性を阻む外来種　158　宝塚市のシンボル生物　160

資料編

祭りと年中行事 ……………………………………………………………… 162
宝塚の難読地名と地名伝説 …………………………………………… 165
宝塚のマスコットキャラクター ……………………………………… 167
宝塚ゆかりの人 ……………………………………………………………… 169
宝塚のあゆみ ………………………………………………………………… 178
宝塚市の基礎知識 …………………………………………………………… 186
宝塚ライブラリー　宝塚をもっと学ぶために ………………… 189

第1章
歩いて発見！宝塚

イラスト、MAP：細川 貂々

宝塚駅エリア

温泉と歌劇のまち

　JR福知山線宝塚駅と阪急宝塚駅は、宝塚観光の玄関口。宝塚温泉や宝塚歌劇の発展に伴って、にぎわい豊かな街並みが形成された。市街地でありながら、武庫川や六甲山地・北摂山地の自然景観に彩られ、春夏秋冬の変化に富んだ表情が、訪れる人をもてなす。

第1章 歩いて発見！宝塚

宝塚駅エリアには市立文化芸術センターや手塚治虫記念館、すみれ♪ミュージアム（宝塚文化創造館）、宝塚歌劇の殿堂といったミュージアムが集積しており、見どころ豊富。歌劇やミュージアム、街角のモニュメントをめぐったら、温泉のぬくもりと癒しが待っている。

ソリオ宝塚・宝塚阪急

阪急宝塚駅に直結する複合ビル「ソリオ宝塚」は、宝塚阪急（百貨店）のほか専門店や飲食店など100を超えるショップが並ぶ。
▶栄町2-1-1／JR・阪急宝塚駅からすぐ／https://sorio.jp

宝塚ソリオホール

ソリオ宝塚3階。演劇・音楽・舞踊・講演などに利用できる多目的ホール、和室、会議室、レッスンルームが整っている。たからづか能や狂言、ジャズ「ライブインソリオ」、映画「シネマインソリオ」、落語「宝塚ソリオ寄席」など、シリーズイベントが人気。

ソリオホール

▶栄町2-1-1　ソリオ1・3階／JR・阪急宝塚駅から徒歩約3分／81-8200　https://takarazuka-c.jp/soriohall/

花のみち

阪急宝塚駅と宝塚大劇場を結ぶ遊歩道で、サクラやバラ、スミレなど季節の花々が行き交う人の目を楽しませている。道の北側に並ぶ「花のみちセルカ」には宝塚のお土産品店やグルメショップが多彩。

花のみち　写真提供：宝塚市

宝塚ホテル

1926（大正15）年、阪急宝塚南口駅前に開業。2020（令和2）年に大劇場の西に新築移転した。宝塚大劇場・バウホール・宝塚ホテルが一体となって武庫川左岸の水辺空間を彩っている。
▶栄町1-1-33／JR・阪急宝塚駅から徒歩約4分／87-1151

宝塚大劇場・バウホール

女性だけで演じる華やかな宝塚歌劇。「花・月・雪・星・宙（そら）」の5組が交代で歌劇とレビューショー公演を行っている。大劇場内にはレストランやショップのほかに、舞台衣裳を着て記念撮影できるステージスタジオ、宝塚レビュー郵便局もある。2014（平成26）年には宝塚歌劇100周年を記念して大劇場内にミュージアム「宝塚歌劇の殿堂」が誕生。歌劇の発展に貢献した歌劇団卒業生や演出家などを写真・記念品で紹介する。大劇場西隣のバウホールは、若手スターの公演などに。東隣には宝塚音楽学校がある。

宝塚大劇場・バウホール・宝塚ホテル

▶栄町1-1-57／JR・阪急宝塚駅から徒歩約8分／0570-00-5100（宝塚歌劇インフォメーションセンター）　https://kageki.hankyu.co.jp/

手塚治虫記念館

手塚治虫のマンガ全作品がそろったライブラリーをはじめ、アニメ作品の上映、足跡をたどるゆかりの品や写真の展示など、手塚作品を再現した空間。手塚ワールドを満喫しながら、その源流にふれることができる。

▶武庫川町7-65／阪急宝塚南口駅から徒歩約7分、JR・阪急宝塚駅から徒歩10分／81-2970　https://www.city.takarazuka.hyogo.jp/tezuka/

手塚治虫記念館　写真提供：同記念館

宝塚市立文化芸術センター

2020（令和2）年、宝塚ガーデンフィールズ跡地に開館。展覧会が開催されるメインギャラリーのほか、創作体験ができるアトリエ、ライブラリーなどを備え、多彩な文化芸術イベントに利用されている。庭園の一部は宝塚植物園や宝塚ガーデンフィールズの施設を受け継いでおり、この地の記憶を現在に伝えている。

▶武庫川町7-64／阪急宝塚南口駅から徒歩約7分、JR・阪急宝塚駅から徒歩13分／62-6800

すみれ♪ミュージアム（宝塚文化創造館）

宝塚音楽学校旧校舎をリニューアルし、2009（平成21）年に「市立宝塚文化創造館」としてオープン。2階の「すみれ♪ミュージアム」は、旧宝塚大劇場初演以来の歴代ポスター複製約800点のほか、宝塚音楽学校の写真や授業で使用された教材、舞台衣裳を展示。音楽学校時代の講堂やバレエ教室、日舞教室はイベントや市民活動に利用できる。

▶武庫川町6-12／阪急宝塚南口駅から徒歩約10分、阪急清荒神駅から徒歩約12分／87-1136

https://takarazuka-c.jp/bsk/

宝塚文化創造館

「生（せい）」オブジェ

阪神・淡路大震災から10年目の2005（平成17）年に「まちと人と心の再生」を願って、現代美術家の大野良平が武庫川の中州に石を積み上げ「生」の文字を浮かび上がらせた。以後、川が増水して流されるたびに再建されている。宝塚大橋の上がビュースポット。また、宝塚大橋の南詰には金属製の「生」モニュメントが設置されている。

▶宝塚大橋／阪急宝塚南口駅徒歩3分

宝塚温泉

炭酸ガスと鉄分を含む塩類泉で、神経痛や筋肉痛などに効能があるとされる。無色透明で湧き出るが、空気にふれると酸化して褐色に濁る。1887（明治20）年に開湯した温泉発祥の地には、「宝塚温泉」の碑が建てられている。

▶湯本町

ナチュールスパ宝塚

天然温泉のほか、露天ジャグジー、スパプール、岩盤浴、エステなど、温泉を活用した都市型リゾート施設。

▶湯本町9-33／JR宝塚駅から徒歩3分、阪急宝塚駅から徒歩すぐ／84-7993

ナチュールスパ宝塚　写真提供：宝塚市

天然たんさん水の碑

宝塚はウィルキンソン・タンサンの発祥の地である。現在も武庫川の川底からは炭酸水が湧き出ており、明治時代に宝来橋のたもとにあった「天然たんさん水この下ニあり」の石柱が、2019（令和元）年に復元された。

天然たんさん水の碑

与謝野晶子の歌碑

歌人の与謝野晶子が宝塚歌劇を観劇したときに「武庫川の夕」を題材に三首の歌を詠んだ。その一首を彫った歌碑が宝来橋のたもとに立っている。

山本-清荒神エリア

巡礼道と園芸の里

　「巡礼道」は西国三十三所巡礼に利用された道の俗称で、観音巡礼が盛んになった江戸時代には多くの旅人が行き交った。

　宝塚市内を横断する巡礼道は、箕面の勝尾寺（23番札所）から中山寺（24番札所）を参詣して、播磨の清水寺（25番札所）へと続く。その経路には現在も点々と道標が残っており、巡礼者たちの足跡をたどることができる。

　巡礼道周辺には中山寺や売布神社、清荒神清澄寺といった歴史的スポットに加え、「植木のまち山本」らしい花と園芸の風景が点在する。史跡や花の風景を愛でながらゆっくり歩いてみたい。

第1章 歩いて発見！宝塚

木接太夫彰徳碑(きつぎだゆうしょうとくひ)

豊臣秀吉から「木接太夫」の称号を与えられた坂上頼泰を顕彰しようと、1912（大正元）年に建碑。宝塚の園芸産業の歴史を物語るモニュメントである。

▶山本東1丁目／阪急山本駅から徒歩1分

あいあいパーク

17世紀イギリスの館を模した建物には、雑貨店、グリーンショップなどがあり、草花・植木などの展示販売のほか、園芸講座が多彩。モデルガーデンでは、プロの庭づくりを見ることができる。あいあいパーク向かいの山本新池公園は花や緑に彩られた公園で、接ぎ木の実物が見学できる。

▶山本東2丁目2-1／阪急山本駅から徒歩5分／82-3570
　http://www.aiaipark.co.jp/

あいあいパーク　写真提供：宝塚市

松尾神社

征夷大将軍・坂上田村麻呂の子孫が山本を開拓したという伝承があり、京都の松尾大社（酒造の神様）の分霊を勧請して平安末期に創建されたと伝わる。この故事により毎年2月に弓洗い式の神事が行われ、近くの山本園芸流通センターを会場に「宝塚田村麻呂杯弓道大会」が開催されている。

▶山本東1丁目9-1／阪急山本駅から徒歩5分

松尾神社

泉流寺

本尊の木造十一面観音菩薩立像は宝塚市の指定文化財。「眠り観音」として親しまれ、眠りに関する悩みを救うといわれる。

▶山本台1-5-18／阪急山本駅から徒歩7分

泉流寺

天満神社

学問の神様、菅原道真を祭神とする。本殿は17世紀半ばの建築で、宝塚市指定文化財である。一間社春日造で、屋根は柿葺(こけらぶき)。建築当時の姿をよく残しており、細部には独自の意匠が見られる。境内の「行基(ぎょうき)の投げ石」は、道をふさいでいた大きな石を奈良時代の僧の行基が杖で投げ飛ばしたとの言い伝えがある。

天満神社

▶山本西1丁目5-33 ／阪急中山観音駅から徒歩10分

中山寺

西国三十三所観音霊場の第二十四番札所。本尊の木造十一面観世音菩薩立像は国の重要文化財。安産祈願の腹帯を授かる寺としても広く知られる。2017（平成29）年に五重塔「青龍塔(しょうりゅう)」が再建された。梅の名所としても名高い。聖徳太子ゆかりの寺で、JR中山寺駅前には聖徳太子像が建てられている。

中山寺　写真提供：宝塚市

▶中山寺2丁目11-1 ／阪急中山観音駅から徒歩2分

中山荘園古墳

長尾山の尾根上に位置する終末期の古墳。当時の天皇陵と同じ八角形をしており、横穴式石室を備え、古墳の周りを石列が囲んでいる。1999（平成11）年に国の史跡に指定され、史跡公園として整備された。

中山荘園古墳　写真提供：宝塚市教育委員会

▶中山荘園12-298ほか ／阪急売布神社駅から徒歩8分

売布神社

推古天皇により創建されたと伝えられ、衣・食・財の守護神、縁結びの神とされる。江戸時代には貴船大明神と呼ばれていたが、並河誠所の調査により、『延喜式』に記載された売布神社であると比定された。これにより1736（元文元）年に建てられた社号標石は宝塚市指定の考古資料。また、境内全体が環境保全地区で、社叢は宝塚市の天然記念物である。

売布神社社号標石

▶売布山手町1-1／阪急売布神社駅から徒歩5分

シネ・ピピア

ロードショー館と名画館のミニシアター2館。秋に宝塚映画祭が開催されるほか、イベントが豊富。フランス製の座り心地のいい椅子、ゆったりとした空間など、映画を快適に見るための環境が整っている。

▶売布2丁目5-1　ピピアめふ5階／阪急売布神社駅前

清荒神清澄寺

かまど（台所）の神さま、火の神さまとして信仰を集め、厄除火箸の奉納で知られる。本尊の木造大日如来坐像は国の重要文化財。大日如来を守護するのが三宝荒神で、神仏習合の信仰を現代に受け継いでいる。一願地蔵尊は1つの願いを念じながら地蔵尊の頭上まで水をかけるとご利益があるとされる。

清荒神清澄寺

▶米谷字清シ1／阪急清荒神駅から徒歩20分

▶鉄斎美術館

清荒神清澄寺内の同美術館は、文人画家・富岡鉄斎の晩年の作品約2千点を所蔵する。中国古典に題材を求め、力強い筆遣いで描いた作品は、独自の境地を開拓。世界的に評価が高い。
▶米谷字清シ1／阪急清荒神駅から徒歩20分

▶清荒神参道商店街

阪急清荒神駅から続く商店街の愛称は「龍の道」。約1.2kmの参道に土産物店や飲食店が軒を連ね、昔ながらの門前町の風情が感じられる。
▶http://koujinsando.net/

▶宝塚ベガ・ホール

音響が素晴らしい音楽専用ホールで、スイス製パイプオルガンが備わる。宝塚国際室内合唱コンクール、宝塚ベガ音楽コンクール、オルガンコンサートなど、プログラムも多彩で、「音楽のまち宝塚」のメインステージである。

宝塚ベガ・ホール

▶清荒神1丁目2-18／阪急清荒神駅から徒歩1分／84-6192
　https://takarazuka-c.jp/vegahall/

▶市立中央図書館

宝塚ベガ・ホールに隣接。館内の「聖光文庫」では、鉄斎美術館入館料の全額寄附により購入された美術書が閲覧できる。
▶清荒神1丁目2-18／阪急清荒神駅から徒歩1分／84-6121
　https://www.library.takarazuka.hyogo.jp

第1章　歩いて発見！宝塚

小浜・伊子志エリア

歴史のまち歩き

　中世に毫摂寺の寺内町として発展した小浜は、江戸時代に京伏見街道や有馬道、西宮道（馬街道）の宿場町としてにぎわった。堀として引水された大堀川や升目割りの町割りなど、歴史的な街並みが現在もよく残っている。
　江戸時代の街並みを再現したジオラマや大工道具などの資料が展示され

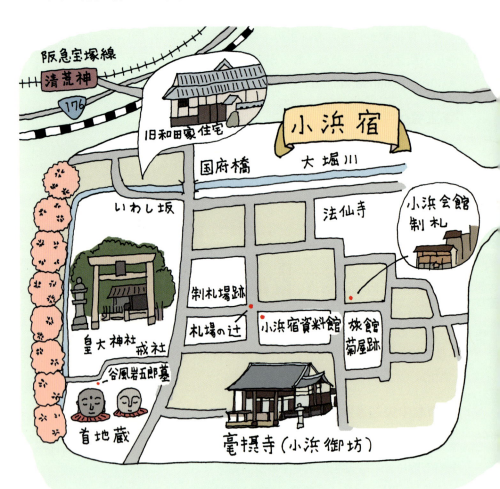

ている小浜宿資料館は、ぜひとも訪れたいスポット。小浜宿から足を延ばして宝塚新大橋を渡り、宝塚市役所や逆瀬川方面へ歩いてみよう。武庫川右岸の河川敷緑地や末広中央公園は、散歩コースにもおすすめである。

第1章 歩いて発見！宝塚

歴史民俗資料館　旧和田家住宅

市内に現存する最も古い民家のひとつで、江戸時代中期、約300年前の建築だと考えられている。代々和田家は、旧米谷(まいたに)村の庄屋を務めていたことから多数の文書が残っており、その一部も展示されている。妻入角屋本瓦葺(つまいりつのやほんがわらぶき)の住宅と土蔵は宝塚市の指定文化財。

旧和田家住宅　写真提供：宝塚市教育委員会

▶米谷1丁目8-25／阪急売布神社・清荒神駅から徒歩10分

皇大神社

祭神は天照皇大神(あまてらすすめおおかみ)と天児屋根命(あめのこやねのみこと)。1441(嘉吉元)年の創建と伝わり、寺内町・小浜が形成された時代に勧請されたと考えられる。江戸時代後期の建築と見られる本殿は兵庫県の登録文化財、ムクロジの巨木は宝塚市の保護樹木に指定されている。

▶小浜5丁目4-4／阪急売布神社・清荒神駅から徒歩12分

市立小浜宿資料館

1994(平成6)年に小浜の歴史を紹介するミュージアムとして開館。宿場町、大工の町、酒造りの町として繁栄した小浜の歴史が学べる。資料館には案内人が常駐しており、資料館展示や小浜の歴史について説明を聞くことができる。また、隣接する山中邸は、戦国時代の武将・山中鹿之介幸盛(なかしかのすけゆきもり)の子孫の邸宅跡で、江戸時代に山中家はここで酒造を始め、その後は医業を営んでいた。庭の「玉の井(やまのい)」は、小浜に立ち寄った豊臣秀吉が千利休に茶をたてさせた際、この井戸の水を使ったとの逸話がある。

小浜宿資料館　写真提供：宝塚市教育委員会

▶小浜5丁目6-9／阪急売布神社・清荒神駅から徒歩15分

制札・小浜宿代官所跡

制札とは幕府の定書きのことで、禁止事項や法規などを広く周知させるため、人通りの多い場所に立てられた。小浜では、市立小浜宿資料館の角に高札場があった。この高札場を小浜会館前（小浜宿代官所跡）に再現し、江戸時代の駄賃定札（荷物運搬費）や忠孝札（賭博や鉄砲の禁止や道徳など）のレプリカを展示している。

制札　写真提供：宝塚市教育委員会

▶小浜5丁目11-21／阪急売布神社・清荒神駅から徒歩15分

毫摂寺

明応年間（15世紀末）の創建と伝えられ、別名「小浜御坊」。寺内町の小浜は、この毫摂寺を中心に整備された。現在の本堂は、江戸時代後期の建築。豊臣秀次の側室となった亀姫（小浜の局）の悲話伝説でも知られる。

毫摂寺

▶小浜5丁目5-12／阪急売布神社・清荒神駅から徒歩15分

首地蔵・谷風岩五郎の墓

高さ1.3mの大首だけが安置されている首地蔵。江戸時代の地誌『摂陽群談』に「首から上の病気治癒にご利益がある」とある。近年は「頭がよくなる」として受験生が合格祈願に訪れている。すぐ近くには幕末から明治時代にかけて活躍した力士の大関・谷風岩五郎の墓がある。

▶小浜5丁目1-3／阪急売布神社・清荒神駅から徒歩15分

大堀川河川緑地

小浜地区の北から西を囲むように流れる大堀川。国府橋の脇から川岸へ下りる坂道は「いわし坂」と呼ばれ、その昔は船で運んだイワシを荷揚げしたと伝わる。また、大堀川の堤沿いの緑地は、桜の名所としても知られる。

▶小浜5丁目1-3／阪急売布神社・清荒神駅から徒歩15分

伊子志の渡し碑

江戸時代、武庫川には橋が架かっていなかったため西宮道を利用する人々は伊子志村の渡し船を利用した。伊子志の渡しは大正時代まで利用されていたが、橋の整備が進んで姿を消した。武庫川左岸の渡し跡には碑が建てられている。

伊子志の渡し碑

▶美座1丁目2／阪急清荒神駅から徒歩18分

宝塚市役所

庁舎建物は建築家・村野藤吾の設計で1980（昭和55）年に完成した。L字型の平面構成に円筒形の議場を組み合わせ、各階にベランダを設ける。宝塚のイニシャル「T」をデザインした2階開口部やホールの照明器具など、細部にまで行き届いた意匠が目を楽しませ

宝塚市役所　写真提供：宝塚市

る。2023（令和5）年には第二庁舎が完成し、上下水道局や総合防災課などが移転した。また、2024（令和6）年に本庁舎と第二庁舎の間に広さ約1,500㎡の中庭ひろばが誕生し、ベンチや芝生も整備された。

▶東洋町1-1／阪急逆瀬川駅から徒歩15分／71-1141
　https://www.city.takarazuka.hyogo.jp/

末広中央公園

面積約4.1haの広大な敷地は防災公園としての機能を備えている。地下の耐震性貯水槽に貯められる水約100トンは、災害時に約8,200人の飲料水3日分に相当。風力や太陽光による発電装置も備えている。

▶末広町／阪急逆瀬川駅から徒歩12分

中央公民館

末広中央公園の一画に立地する中央公民館は、2019（平成31）年にグランドオープンした。音楽の演奏会や市民講座などに利用されるホールのほか、学習室、自習室、料理室などが整っている。
▶末広町3-53／阪急逆瀬川駅から徒歩12分

伊和志津神社（いわしづ）

平安時代中期に編さんされた『延喜式（えんぎしき）』にその名を残す。須佐之男命（すさのおのみこと）をまつり、和歌・学問・開運・縁結びの神として信仰を集めている。

伊和志津神社

江戸時代中期以降に建てられたとされる本殿は、宝塚市の指定文化財。社伝によると、戦国武将の加藤清正が朝鮮遠征の際にトラを生け捕りにして持ち帰り、伊和志津神社の境内で飼っていたという。
▶伊孑志1丁目4-3／阪急逆瀬川駅から徒歩5分

エフエム宝塚

周波数83.5MHz。2000（平成12）年の開局以来、コミュニティ放送局として親しまれている。愛称は「ハミングＦＭたからづか」。阪急逆瀬川駅に隣接するアピア2にオープンスタジオがある。JCBAインターネットサイマルラジオの配信により、スマートフォンなどの携帯端末でも聴取できる。
▶逆瀬川1丁目11-1／阪急逆瀬川駅からすぐ／76-5432　https://835.jp

一本松地蔵

阪急逆瀬川駅のアピア１とアピア２の間に、一本松地蔵の祠（ほこら）が立っている。ここにはかつて樹齢500年と推定される松の巨木があり、旅行く人の休憩所として親しまれていたが、1958（昭和33）年に伐採された。その後、一本松の身代わりとして地蔵尊が祀られ、交通安全・商売繁盛・子どもの安全を守る地蔵尊として信仰を集めている。毎年夏には地蔵盆が催される。
▶逆瀬川１丁目11／阪急逆瀬川駅からすぐ

武田尾エリア
桜の園と廃線敷ウォーク

　JR福知山線武田尾駅から生瀬駅まで、1986（昭和61）年まで使われていた廃線敷がハイキングコースとして一般開放されている。武庫川渓谷のダイナミックな眺望に加え、春夏秋冬の景観が美しい。途中の桜の園「赤楽山荘（らくさんそう）」にも立ち寄りたい。

廃線敷ウォーク

コースの全長約4.7km。JR福知山線の旧線路は廃線後に長らく閉鎖されていたが、2016(平成28)年に自己責任を原則としてハイカーに一般開放された。6か所のトンネルと3か所の橋梁のほか、枕木や敷石がそのまま残る個所があり、変化に富んだ景観が楽しい。コースは平坦だが、トンネル内に照明はないため懐中電灯やヘッドライトは必携。
▶JR武田尾駅または生瀬駅から徒歩すぐ

廃線敷ハイキングコース

武田尾温泉

江戸時代の寛永年間に発見されたという歴史ある温泉。自然豊かな武庫川の渓谷に沿って温泉宿があり、静かな山里の風情が楽しめる。紅葉舘別庭あざれは無料の足湯を提供している。
▶玉瀬字イヅリハ、西宮市塩瀬町名塩／JR武田尾駅から徒歩7分

桜の園　赤楽山荘(えきらくさんそう)

元は、桜博士・笹部新太郎がサクラの研究に使用した演習林。「赤楽山荘」は中国の詩人・蘇東坡(そとうば)の詩の一節による。現在は宝塚市の所有で、里山公園として整備・開放。春はサクラ、秋は紅葉の名所として人気である。
▶切畑字長尾山／JR武田尾駅から徒歩10分

桜の園

第1章 歩いて発見！宝塚

西谷エリア

山里の自然に癒される

宝塚市民の庭ともいうべき西谷地区。市街地から車を走らせれば、山並みに彩られた農村風景が目に飛び込んでくる。宝塚自然の家や宝塚西谷の森公園では、トレッキングや農業体験などが楽しめる。また、波豆八幡神社や宝山寺といった社寺を訪ねるのもおすすめだ。

宝塚自然の家

飯ごう体験や様々な自然体験が楽しめるほか、アスレチック、自然観察散策路、天文台が整備されている。敷地内には松尾湿原（宝塚市指定天然記念物）がある。
▶大原野字松尾1／JR武田尾駅から阪急バス「宝塚自然の家前」下車徒歩5分／91-0303
https://takarazuka-shizennoie.com

宝塚自然の家

歴史民俗資料館　旧東家住宅

江戸時代中期に建築された茅葺き農家を、宝塚自然の家に移築保存。昔の農具や家具も併せて展示している。兵庫県の指定民俗文化財。

旧東家住宅　写真提供：宝塚市教育委員会

宝塚西谷の森公園

西谷の里山を丸ごと県立公園として整備。2008（平成20）年に開園した。園内には水田や畑、果樹園のほかビオトープが整備され、農作業体験ができる。また、自然観察やクラフト、コンサートなど、プログラムも豊富。
▶境野字保与谷14-1／JR武田尾駅から阪急バス「西谷の森公園口」下車徒歩10分

長谷牡丹園
　　なが　たに　ぼ　たん　えん

江戸時代すでに牡丹の生産出荷を行っていた宝塚。その歴史を継承して2001（平成13）年に開園した。開園期間中は、牡丹の鉢植えや野点イベントも開催。

▶長谷字門畑29／JR武田尾駅から阪急バス「長谷公民館前」下車徒歩6分

長谷牡丹園　写真提供：宝塚市

宝塚ダリア園

上佐曽利地区の特産品ダリアの開花時期に開園。カラフルで多種多彩なダリアの花を眺め、摘んで持ち帰ることができる。秋にはダリア花まつりやサツマイモの収穫体験が楽しめる。

▶上佐曽利字大垣内16-1／JR武田尾駅から阪急バス「上佐曽利」下車徒歩1分

波豆八幡神社
　　は　ず　はちまん

桜の名所、千苅貯水池に突き出た丘陵に鎮座。源満仲の弟・満政の創建と伝えられ、応神天皇をまつる。柿葺の三間社流造の本殿は、国の重要文化財。
せんがり　　　みなもとのみつなか　　みつまさ
こけらぶき　さんげんやしろながれづくり

▶波豆字谷田東掛／JR武田尾駅から阪急バス「波豆」下車徒歩3分

波豆八幡神社　写真提供：宝塚市教育委員会

素盞嗚命神社
　　すさのおのみこと

旧大原野村の村社として信仰されてきた。杉の巨木が林立する見事な社叢は、市の天然記念物に指定されている。

▶大原野字南宮1／JR武田尾駅から阪急バス「西谷夢プラザ」下車徒歩2分

宝山寺

法道仙人の開創と伝わる。8月のケトロンは、疾病・悪霊よけを祈願する行事で、中世以降の念仏踊りを伝える貴重なものとして、宝塚市の無形民俗文化財に指定されている。

▶大原野字堂坂53 ／ JR武田尾駅から阪急バス「宝山寺下」下車徒歩2分

宝山寺　写真提供：宝塚市教育委員会

普明寺

源満仲の第四子・頼平が開山したと伝わる。満仲の龍馬神伝説ゆかりの寺で、干ばつのときに雨乞い祈願をすると、必ず雨が降ると言い伝えられる。

▶波豆字向井山1-26 ／ JR武田尾駅から阪急バス「波豆」下車徒歩20分

西谷ふれあい夢プラザ

「地域利用施設・西谷会館」「西谷児童館」「宝塚市役所 西谷サービスセンター」「農業振興施設 西谷夢市場」が入った複合施設。西谷地域のコミュニティ拠点として利用されている。「西谷夢市場」で販売する西谷産の新鮮な農産物や加工品が人気だ。

▶大原野字炭屋1-1 ／ JR武田尾駅から阪急バス「西谷夢プラザ」下車すぐ

たからづかカートフィールド

全長510mのJAF(日本自動車連盟)公認カート専用サーキット。カートレース、カート講習、ライセンス講習も行われている。

▶川面字長尾山15-329

歴史散策と観光

塩尾寺（えんぺいじ）

聖徳太子が創建したと伝えられる武庫七寺のひとつで、六甲山中にある。湧き出した塩辛い霊水で病が治ったという、宝塚温泉発祥の伝説がある。
▶伊子志武庫山756／JR・阪急宝塚駅から徒歩60分

平林寺（へいりんじ）

聖徳太子が創建したと伝わる。摂津国三十三所観音霊場の二番札所で、摂津国八十八所の七十三番札所である。鎌倉時代の石造露盤（ろばん）と室町時代の作とみられる本尊の釈迦如来坐像は、いずれも宝塚市の指定文化財。
▶社町4-7／阪急逆瀬川駅から徒歩5分

平林寺

宝塚神社

平林寺に隣接する高台に位置し、大阪平野が一望できる。宝塚市民の初日の出スポットとして知られるとともに、境内に恵比須社を祀ることから1月は商売繁盛祈願の「えびす大祭」で賑わう。
▶社町4-8／阪急逆瀬川駅・小林駅から徒歩10分

宝塚聖天（しょうてん）

正式名称は宝塚聖天 七宝山了徳密院。1919（大正8）年に大阪の浦江福島聖天了徳院別院として開かれ、「宝塚の聖天さん」と呼ばれる。境内には宝塚の開発に尽力した平塚嘉右衛門の頌徳碑や岡田指月（幾）の歌碑がある。
▶宝梅3丁目4-8／阪急逆瀬川駅・宝塚南口駅から徒歩20分

満願寺
まんがんじ

満願寺の所在地は川西市であるが、宝塚市に囲まれた飛び地に位置しており、宝塚市民に親しまれている。源満仲が多田に移住して以来、源氏一門の祈願所となった。境内には頼光四天王の一人・坂田金時の墓や三廟（美女丸・幸寿丸・藤原仲光）などがある。寺を囲む自然林は一部が宝塚市域で、市の天然記念物。

満願寺の山門

▶川西市満願寺町7-1／阪急雲雀丘花屋敷駅から阪急バス「満願寺前」下車すぐ

ゆずり葉緑地

逆瀬川上流の川沿いに設けられた公園で、広々とした緑地に彫刻作品やモニュメントが配置されている。逆瀬川は昭和初期に赤木正雄の指導により、日本で初めて大規模な砂防工事が行われた。当時築造された堰堤などの土木遺産が見られる

ゆずり葉緑地

ほか、砂防について学べる砂防のモニュメントがある。

▶ゆずり葉台1丁目／阪急逆瀬川駅から阪急バス「宝塚西高校前」下車徒歩2分

▶ 馬上太子像（聖徳太子騎馬像）

JR中山寺駅前広場に立つ馬上太子像は、2013（平成25）年に駅前広場の完成を記念して中山寺が寄贈したもの。聖徳太子が騎馬姿なのは、太子が馬に乗って「紫雲たなびく山」を探し当て、その地に観音霊場（中山寺）を創建したという寺伝に由来する。

▶中筋4丁目6／JR中山寺駅すぐ

馬上太子像

▶ 安倉高塚古墳
あくらたかつか

古墳時代前期（4世紀後半）に築かれた円墳で、直径約10m。1937（昭和12）年の道路工事に際して発見された。出土した神獣鏡（兵庫県指定文化財）は表面に刻まれた文字から「赤烏七年」の年号が読み取れ、中国の呉の国で制作されたと考えられている。古墳は宝塚市の史跡。

▶安倉南1丁目

▶ 市立中央図書館桜ガ丘資料室（旧松本安弘邸）

1937（昭和12）年に建築された洋風住宅で、カリフォルニア大学で建築を学んだ川崎忍の設計。2001（平成13）年に宝塚市に寄贈され、現在は市立図書館の資料室として定期的に公開されている。昭和初期のモダンな生活様式を反映した建物は、外観・内装とも建築当時の姿をよく残しており、国登録文化財。「ひょうごの近代住宅100選」にも選定されている。

▶桜ガ丘3-45／JR宝塚駅徒歩10分

▶ JRA阪神競馬場

「桜花賞」や「宝塚記念」などのG1（重賞）レースで知られる。場内の公園や乗馬体験コーナーは、家族連れにも人気のスポット。

▶駒の町1-1／阪急仁川駅から徒歩5分／0798-51-7151

第2章

文化と暮らし

宝塚市立文化芸術センター　写真提供：同センター

朝倉文夫作「小林一三」

「枠どられた風景」

ダリア園

宝塚温泉　写真提供：ホテル若水

ヨハン・シュトラウス二世像

文化芸術にふれる

宝塚歌劇を育んだまち

　2024（令和6）年、宝塚歌劇は初演から110年を迎えた。「宝塚」の知名度を全国区に押し上げたのは、この宝塚歌劇といって過言ではない。専用の劇場・出演者（宝塚歌劇団では生徒と呼ぶ）・オーケストラ・演出家によるプロダクションシステムを持ち、出演者を養成する教育機関まで備えた女性だけの劇団は、世界でも類を見ない。

　宝塚歌劇の創設は、箕面有馬電気軌道（阪急電鉄の前身）の専務であった小林一三のアイデアによる。同社は、1910（明治43）年に宝塚線（梅田－宝塚間）と箕面支線（石橋－箕面）を開業し、翌年、その沿線開発の一環として武庫川左岸に宝塚新温泉の営業を始めた。続いて、1912（同45）年には大浴場に隣接して室内プールを備えた施設「パラダイス」を開館し、温泉娯楽場づくりを進めた。

　その一方で、温泉地のアトラクション充実を目的に、12歳から15歳までの少女を集めて1913（大正2）年に宝塚唱歌隊を結成し、声楽やダンス、楽器演奏（ヴァイオリン、ピアノなど）を指導した。唱歌隊は練習を重ね、約半年後の1914（同3）年4月に少女歌劇を上演。これが、宝塚歌劇の第1回公演である。公演は宝塚新温泉で開催された婚礼博覧会の余興のひとつとして企画されたもので、パラダイスの室内プールを改装して劇場がつくられた。観覧は無料で、歌劇『ドンブラコ』、喜歌劇『浮れ達磨』、ダンス『胡蝶』の演目に加え、管弦合奏や合唱も披露した。あどけない少女らによる催し物は予想以上に好評で、2カ月の公演期間は連日大盛況となった。これに続いて夏・秋の公演、大阪の帝国座での外部出演も果たし、年4回の定期公演が行われるようになった。

　1918（同7）年に東京帝劇公演で大成功を収めた少女歌劇は、間もなくパラダイス劇場では手狭となり、1919（同8）年に箕面から公会堂を移築して劇場とした。さらに、4,000人収容の宝塚大劇場を新たに建設して1924（同13）年に開場した。この規模の劇場は、当時としては日本最大で

あった。大劇場周辺には遊園地のルナパークや動物園などを整備して、家族で楽しめるアミューズメントパークとした。専用の大劇場を整えた宝塚歌劇は、12カ月の常時公演を開始するとともに、1926（同15）年に宝塚少女歌劇から宝塚歌劇に改称し、エンターテインメント性の高い舞台づくりをめざした。

このころ、宝塚歌劇に革新をもたらしたエポックメイキング的な作品が、1927（昭和2）年に上演された日本初のレビュー『モン・パリ』である。欧米視察を終えたばかりの演出家・岸田辰彌は、日本初のラインダンスやスピーディーな舞台転換など、ヨーロッパ仕込みの斬新な演出でファンの心をつかんだ。このとき導入したシャンソン『うるわしの思い出 モン・パリ』は、それまでオペラ曲、唱歌、和洋折衷の日本の唱歌で構成されていた宝塚歌劇の音楽に新しい香りを与えた。この曲が、日本のシャンソン初上陸といわれる。また、宝塚歌劇の名物ともいえるフィナーレの大階段が取り入れられたのも、『モン・パリ』である。

岸田が日本に持ち込んだレビューをさらに磨き上げ、宝塚歌劇独自のスタイルとして決定づけたのは、演出家の白井鐵造である。白井も小林一三の命を受けて欧米視察に出かけ、1930（同5）年に帰朝公演『パリゼット』でその成果を披露した。白井はニューヨークでミュージカルに出逢い、パリでミュスタンゲットやジョセフィン・ベーカーの舞台を見学。日本で初めてタップダンスを導入したほか、華やかな羽飾りやスパンコール装飾の衣裳を取り入れた。また、この作品の主題歌『すみれの花咲く頃』はパリで流行していた曲に白井が日本語の歌詞をつけたもので、現在に至るまで宝塚歌劇を象徴する曲として歌い継がれている。白井はその後も長らく宝塚歌劇の演出家として活躍し、宝塚レビューの黄金期を築いた。

上方舞の楳茂都流三代目を継いだ楳茂都陸平は、1917（大正6）年、小林一三の依頼により弱冠21歳で宝塚音楽歌劇学校の教授兼振付師に就

1930年8月初演の『パリゼット』 ©宝塚歌劇団

任した。伝統的な日本舞踊を指導する一方で、4年にわたる渡欧によりバレエや西洋音楽、舞踊理論などを学び、宝塚歌劇の群舞に大きな影響を与えた。また、帰朝公演『ヂャブヂャブコント』では、ジャズ・バンドの編成や輸入されたばかりのマイクロフォンの使用など、斬新な演出・技術を採用。東洋と西洋の融合を試みて、宝塚歌劇に新たな地平を拓いた。

宝塚歌劇の独自性は、創設者の小林が提唱した「国民劇の創造」というコンセプトに集約される。国民劇とは老若男女だれもが楽しめる芝居を意味し、わかりやすく娯楽性の高い作品づくりをめざした。さらに、夫婦や家族連れで気軽に見られる手ごろな料金を設定し、多くの人に支持された。

宝塚歌劇の人気を支えているのは、個性豊かなスターたちの存在である。天津乙女（あまつおとめ）・春日野八千代・乙羽信子（おとわ）・越路吹雪（こしじふぶき）・八千草薫・有馬稲子・扇千景・鳳蘭（おおとりらん）・大地真央といった歴代のスターは、映画やテレビドラマ、舞台などでも才能を発揮している。

宝塚歌劇最大のヒット作は『ベルサイユのばら』で、池田理代子原作のマンガ作品を舞台化したものである。1974（昭和49）年の初演時は、3年間で140万人を動員して空前のベルばらブームを巻き起こした。この作品は繰り返し再演されており、累計観客動員数は500万人を超えている。

現在の宝塚大劇場は、1994（平成6）年に全館が完成した。客席数は約2,500席で、レビュー上演に適した演出装置を導入している。隣接する宝塚バウホールは、1978（昭和53）年に開場した小劇場で、客席数は約500席。次代を担う若手スターの登竜門として、年間約10公演を行っているほか、貸しホールとしても利用されている。

宝塚歌劇団は現在、花・月・雪・星・宙（そら）の5組編成で、生徒総数は約400人。宝塚大劇場や東京宝塚劇場、梅田芸術劇場での定期公演のほか、宝塚バウホールでの公演、全国ツアー公演、海外公演も行っている。

宝塚歌劇団は100周年の節目となった2014（平成26）年に、宝塚歌劇100周年『夢の祭典』および記念式典のほか、ヒット作『ベルサイユのばら』などを上演して祝福した。また、宝塚大劇場内には、宝塚歌劇に貢献した生徒・演出家・作曲家・振付家など100人を紹介するミュージアム「宝塚歌劇の殿堂」が開館し、その歴史を伝えている。同年、宝塚市は「歌劇

のまち宝塚条例」を制定し、市や市民、事業者が一体となって「歌劇のまち宝塚」ならではのまちづくりを進めると宣言した。また、100周年への祝福と称賛の意を込めて、宝塚歌劇団に宝塚市市民栄誉賞を贈った。阪急宝塚駅前には歌劇100周年を記念して「宝塚ゆめ広場」が設けられ、歌劇モニュメントが設置された。

「宝塚ゆめ広場」のモニュメント

夢への扉、宝塚音楽学校

　宝塚歌劇の華麗なステージに立つ出演者は、全員が宝塚音楽学校の卒業生である。毎年、入学試験の合格発表や入学式、卒業式の様子がニュースになるのは、この学校がタカラジェンヌへの唯一の夢の扉だからである。受験できるのは、中学卒業時から高校卒業時までの4回限り。約40人の募集に、全国から多くの志願者が集まる。例年、競争率は20倍前後で、40倍を超えることもあり、競争は厳しい。

　宝塚音楽学校の前身は、1913（大正2）年に結成された宝塚唱歌隊で、同年末に宝塚少女歌劇養成会と改称。次第に規模・教育内容とも充実していき、1919（同8）年には文部省の認可を受けて宝塚音楽歌劇学校が創立され、小林一三が初代校長に就任した。校名が宝塚音楽学校となったのは、太平洋戦争後の1946（昭和21）年である。2013（平成25）年に開校100周年を迎えており、この間に同校から羽ばたいていった卒業生は約5,000人を数える。

　校訓の「清く・正しく・美しく」は、宝塚歌劇団にも共通する精神で、小林校長が発案した。生徒はダンスや声楽、演劇などを学ぶとともに、舞台人としての素養の習得や豊かな人間形成をめざす。課程は予科1年と本科1年の計2年。

　また、宝塚音楽学校の付属校として、小学4年生から中学2年生までの女子を対象とした宝塚コドモアテネが開講しており、宝塚音楽学校をめざす子どもたちが学んでいる。

宝塚交響楽団とラスカ

　宝塚歌劇の舞台を輝かせている大きな要素に、専属楽団による生演奏がある。専属楽団は、1919（大正8）年に編成した13人の楽員が最初で、現在も宝塚大劇場と東京宝塚劇場では、一部を除いて生演奏で上演されている。

　専属楽団の活動の主目的は歌劇の伴奏だが、誕生間もなく演奏技術の向上などをめざして、楽団員が自発的に管弦楽の演奏に取り組むようになった。これと前後して、1923（同12）年に雑誌「歌劇」の愛読者大会で楽団員は管弦合奏を披露している。この演奏を契機に楽団員の中で演奏活動への意欲が高まり、同年に宝塚音楽研究会が結成された。これはいわば楽団員の同好会的な活動で、同年夏に第1回発表会を催してデビューした。

　専属楽団でこのような活動が始まった時期に、宝塚にやって来たのがオーストリア出身の音楽家ヨーゼフ・ラスカである。ラスカは音楽研究会を指導し、宝塚歌劇の伴奏はもとより、日本におけるクラシック音楽の発展に大きく寄与した。

　ラスカは王立ミュンヘン音楽院で指揮法や作曲を学び、中東欧各地の劇場でオペラの指揮者および音楽学校の教授となった。1923（同12）年、東京のシンフォニー・オーケストラの招きで来日することとなり、当時住んでいたロシアのウラジオストクから船に乗った。しかし、日本への航海中に関東大震災が発生し、予定していた行き先も仕事も失って敦賀に上陸した。幸いなことに、宝塚音楽歌劇学校（現・宝塚音楽学校）の教授職を紹介され、以来約10年にわたって宝塚で音楽活動に従事した。

　ラスカの教授就任は、宝塚歌劇にとっても歓待すべきことであった。宝塚音楽歌劇学校で生徒にピアノを指導する傍ら、誕生したばかりの音楽研究会を指導し、ヨーロッパ音楽の真髄を伝えたからである。

　1924（同13）年2月、ラスカ指揮による最初の音楽研究会の発表会が行われ、ハイドンの交響曲や

ヨーゼフ・ラスカ

モーツァルトの作品などが演奏された。このときから音楽研究会による演奏会は「宝塚シンフォニー・コンサート」と命名され、ベートーヴェンやモーツァルト、チャイコフスキーなどの本格的な交響曲を披露するようになった。ここに至って、ラスカという優れた指導者を得た音楽研究会は、より本格的な交響楽の演奏団体へと発展していく。それが、交響楽ファンを対象とした**宝塚交響楽協会**[*1]の設立である。同協会は会員から集めた会費で運営し、月1回の定期演奏会のほかに臨時演奏会を開催した。つまり、それまで雑誌「歌劇」愛読者大会や音楽研究会などで行ってきた余興の演奏活動が、宝塚歌劇の事業として正式に位置づけられたのであった。

1926(大正15)年に行われた第1回定期公演以後、宝塚交響楽協会は1942(昭和17)年に活動停止するまで、実に129回の定期演奏会を行い、日本における交響楽団史に大きな足跡を残した。定期演奏会は宝塚大劇場を主会場としたが、大阪の朝日会館などで出張公演を行うことも少なくなかった。注目すべきは、ブルックナーの交響曲第4番『ロマンティック』、同第1番などの日本初演を果たしたことで、当時ほとんど知られていなかった交響曲や歌曲を数多く紹介している。

ラスカの音楽活動は、宝塚のみにとどまらない。1925(大正14)年には神戸の山本通(現・神戸市中央区)にあった神戸女学院の音楽会に出演しているほか、1928(昭和3)年に神戸女学院音楽部の教員となり、合唱やピアノなどの指導にあたっている。また、作曲家・ヴァイオリン奏者として活躍した貴志康一は、旧制甲南高等学校在学中にラスカの指導を受けてヨーロッパ留学に旅立った。

ラスカは日本や東洋の音楽の研究にも熱心に取り組んだ。日本に住んだ12年間に作曲した作品数は300曲を超え、その中には『日本組曲』『万葉歌曲集』など、日本のイメージを表現した作品が少なくない。近年、ラスカ再評価の動きが高まっており、2002(平成14)年、68年ぶりに『日本組曲』

宝塚音楽研究会の出演を伝える神戸新聞広告 1923年9月1日付

[*1] **宝塚交響楽協会** 同協会のオーケストラは宝塚交響楽団と呼ばれた。

が再演されたのに続き、未発表曲『父の愛』も初演された。

1935（昭和10）年にラスカはモスクワで開催された万国音楽大会に日本代表として出場した。その帰途、敦賀で再入国を拒まれてオーストリアへの帰国を余儀なくされた。これ以降、ラスカは再び日本の土を踏むことなく、1964（同39）年にウィーンで生涯を閉じた。

宝塚国民座と宝塚新芸座

宝塚歌劇を創設した小林一三は、理想とする「国民劇の創造」をめざして、さまざまな事業を試みた。その一つが、1926（大正15）年に発足した宝塚国民座である。少女歌劇とは別に、男女の俳優による舞台作品をつくることがその狙いであった。

宝塚国民座を率いたのは、演出部長・文芸係・監督係に就任した坪内士行である。士行はシェイクスピア翻訳で知られる坪内逍遥の甥で、幼いころに逍遥の養子となった。早稲田大学文学部英文科を卒業してハーバード大学に留学。さらに渡英して演劇を学んだ。帰国後は帝国劇場で『ハムレット』を演じるなど、舞台人として活躍した。その学識と西欧演劇への造詣の深さを見込んだ小林は、1918（同7）年、士行を宝塚少女歌劇の顧問に迎えていた。

国民座を任された士行は理想の劇団をつくろうと自ら作品を書き、演出し、舞台にも立ち、独自性を打ち出した。団員は公募で集められ、発足後間もなく宝塚中劇場で第1回公演を主催したのち、年に2回から10回の公演を行った。しかし、士行の意気込みとは裏腹に観客の入りは芳しくなく、水谷八重子や帝劇女優との合同公演で余命をつないだが、こうした努力も虚しく、1930（昭和5）年11月の公演を最後に、国民座は解散となった。

太平洋戦争後、宝塚に再び新劇団が誕生した。昭和30年代に一世を風靡した宝塚新芸座である。

宝塚新温泉が戦後復興を遂げていく中で、1950（同25）年にパラダイスの2階にあった宝塚小劇場を宝塚第二劇場と改称し、ここに宝塚新芸座道場を設立。漫才や芝居に加え、歌劇の生徒たちの歌や踊りをはさんだバラエティーショーを興行した。漫才作家の秋田實は小林一三に請われ、当時

まだ無名だったミヤコ蝶々・南都雄二、夢路いとし・喜味こいし、秋田Ａスケ・Ｂスケらとともに参加した。この演芸が満員御礼の盛況となり第二劇場では手狭となったため、宝塚映画劇場（旧・宝塚中劇場）に本拠地を移転し、宝塚新芸劇場（1,200人収容）と改称。劇団名も宝塚新芸座として、1953（昭和28）年に再スタートした。

　このころ人気が高かった秋田の『漫才学校』は、朝日放送ラジオでも放送され、さらに多くのファンを獲得した。これに続くヒットが、初音礼子の「お初ちゃん」シリーズである。初音礼子（麗子）は、歌劇団の組長で三枚目の演技派として活躍し、退団後は数多くの映画やテレビドラマに出演した。初音は座長として宝塚新芸座をリードし、歌劇団の卒業生や男子研究生など、宝塚育ちの俳優陣が舞台を盛り上げた。また、作家の今東光、劇作家の花登筺らに執筆を依頼し、オリジナル作品を次々と上演。戦後復興から高度成長時代に至る約20年間、宝塚新芸座は理屈抜きに楽しめる大衆的な舞台や演芸を発信する場であったが、施設の老朽化により1972（同47）年に劇場は閉鎖され、1988（同63）年に劇団活動も停止した。

宝塚新芸座「お初っあんにまかしとき」1964年
写真提供：（公財）阪急文化財団 池田文庫

宝塚歌劇団男子部

　2004（平成16）年に出版された『男たちの宝塚〜夢を追った研究生の半世紀』（辻則彦・著）は、それまでほとんど知られることがなかった宝塚歌劇団の男子研究生にスポットを当てたノンフィクション作品である。元研究生の消息を丹念に追って積み上げた取材から、半世紀余りの歳月に埋もれてしまった宝塚歌劇の歴史の一節が浮かび上がった。この作品はすぐさまマスコミに取り上げられて話題となり、2007（同19）年には『男たちの宝塚』を原作として舞台『宝塚ＢＯＹＳ』が制作された。西宮北口の兵庫県立芸術文化センターをはじめ、東京・名古屋・札幌・福岡などで公演

して大好評を博し、2008（平成20）年、2010（同22）年、2013（同25）年、2018（同30）年と上演を重ねている。また、公演のDVD発売やコミック作品も出版された。

『男たちの宝塚』に描かれた宝塚歌劇団男子部は、1945（昭和20）年から1954（同29）年まで歌劇団に特設された。男子部の設立は小林一三の発案によるもので、前項の宝塚国民座をはじめ、これまでも何度か男性の舞台人育成を試みていた。

男子部に所属する男子研究生は、4度の一般公募により、25人が選ばれた。彼らはオペラ歌手やダンサー、俳優をめざし、宝塚大劇場の舞台に立つことを夢見て歌やダンスのレッスンに励んだ。

しかし、女性だけの宝塚歌劇にこだわるファンは多く、宝塚大劇場での男女共演のチャンスはついに訪れることなく解散となった。宝塚歌劇では、舞台袖やオーケストラボックスでの「陰コーラス」、馬の足、大きな猿の装置の操作と、約9年間の主な活動は裏方仕事であった。ただし、中劇場では『さらば青春』（1947年）などで舞台に立っている。また、一部の男子研究生は退団後に宝塚新芸座や北野劇場のダンシングチームに移って活躍したほか、俳優やバレエ団主宰者、オーケストラの楽団員など、さまざまな人材を輩出した。

男子研究生らは、宝塚歌劇の舞台中央でスポットライトを浴びることはなかった。しかし、戦後復興期に宝塚歌劇を支え、その発展に重要な役割を果たしたのである。

宝塚歌劇団男子部　写真提供：辻則彦

宝塚文化創造館とすみれ♪ミュージアム

2009（平成21）年にプレオープン、2011（同23）年にグランドオープンした市立宝塚文化創造館は、宝塚音楽学校と宝塚歌劇を紹介する「すみれ♪ミュージアム」や定員180人の講堂（文化交流ホール）、バレエ教室、日

舞教室を備えた文化拠点である。

　建物は1935（昭和10）年に宝塚公会堂として建てられ、1937（同12）年から1998（平成10）年まで、戦前戦後の一時期を除き約45年間にわたって宝塚音楽学校として使われたものである。宝塚音楽学校が大劇場の隣に移転したのち、建物が宝塚市に寄贈されたことにより、宝塚歌劇の人材育成の場として長年使われてきたことを踏まえて、保存・活用することとなった。

　建築は昭和初期のモダニズム建築で、何度か再整備が行われているが、音楽学校時代の面影を現在もよく残している。中央エントランスホールの左右に階段があり、生徒が使用した下手階段はその痕跡がうかがえる。

　1階ホールは入学式や卒業式が行われた講堂で、丸い照明器具のデザインは卒業写真などの調査によって再現されたものである。同ホールで定期開催されている「ノスタルジックコンサート」は、歌劇OGが歌劇の名曲を披露するという趣向で、出演者らも生徒時代の思い出を懐かしみつつ舞台に立っている。

　2階の「すみれ♪ミュージアム」は、宝塚音楽学校の教材や歴代生徒の卒業写真、動画による授業風景の展示などで同校の歩みを伝えるとともに、舞台映像や有名作品の衣裳展示を通じて、宝塚歌劇を多面的に紹介している。中でも、草創期から現代まで、約800点に及ぶ公演ポスターのレプリカは圧巻である。また、3階のバレエ教室と日舞教室はオリジナルに近い状態で改装しており、未来のトップスターを夢見る生徒たちが汗を流した空間が現在に引き継がれている。

　直線的な構成で設計された建物は、横長の水平窓や塔屋のデザインなど

宝塚文化創造館

バレエ教室

にモダニズム建築としての特徴が見られ、阪神間における建築史的価値も高い。なお、この建物(宝塚音楽学校旧校舎)は、2009(平成21)年に近代化産業遺産に認定された。近代化産業遺産とは、日本の近代化に貢献し、歴史文化的価値を有する建造物や機械装置などを「近代化産業遺産」として経済産業省が認定するもの。宝塚音楽学校旧校舎は「阪急電鉄による沿線開発関連遺産」(2009年)に分類され、同じ分類の近代化産業遺産には、関西学院建築物群(西宮市)と神戸女学院建築物群(西宮市)がある。

宝塚文化創造館マーク

宝塚文化創造館とすみれ♪ミュージアムは、2021(令和3)年に開館10周年を迎えた。これを記念して制作されたシンボルマークは、子どもを対象とした一般公募で選ばれた。

音楽のまち宝塚

大正初期に誕生した宝塚少女歌劇によっていち早く西洋音楽に親しんだ宝塚では、舞台でシャンソンやジャズが演奏され、ヨーゼフ・ラスカ率いる宝塚交響楽団がクラシック音楽の魅力を発信し、日本のオーケストラの先駆けとなった。また、4,000席を有した旧宝塚大劇場(1924年築)は関西屈指のホールとして、オペラやオーケストラの公演にも活用された。例えば、指揮者ヘルベルト・フォン・カラヤンは1954(昭和29)年に来日し、旧宝塚大劇場でNHK交響楽団を指揮してベートーヴェンの交響曲第9番を披露した。1957(同32)年には名門ベルリンフィルを率いて、カラヤンは再び宝塚大劇場の指揮台に立っている。

このような豊かな音楽文化を背景に、宝塚では年間を通じてさまざまな音楽イベントが行われている。その中心となっているのが、宝塚ベガ・ホール、宝塚ソリオホール、宝塚文化創造館である。

宝塚ベガ・ホールは、1980(同55)年に開館。400席足らずとコンパクトだが、自治体のホールとしては西日本初の音楽専用ホールで、レンガ壁の内装は音の響きがいいと演奏家や音楽好きから評価が高い。建物の屋根

にはシンボルのカリヨン（鐘の塔）がそびえる。同ホールは国内外のアーティストの演奏会からコンクール、市民の音楽発表会まで幅広く活用されている。ステージ中央に備えたスイス製パイプオルガンは、定期演奏会「市民のためのオルガンコンサート」でも活躍。同コンサートは2021（令和3）年2月に開催350回を迎えた。

宝塚ベガ・ホールで行われる「宝塚国際室内合唱コンクール」は少人数編成の室内合唱団が対象で、国内外から参加者が集う。レベルの高い演奏を楽しめる国際コンクールとして評価が高い。また、宝塚音楽学校本科生がゲスト出演するなど、宝塚らしいプログラムとなっている。「宝塚ベガ音楽コンクール」は才能ある若手演奏家の登竜門として知られ、多くの著名な演奏家を輩出している。聴衆審査員特別賞は、公募で集まった市民が審査員となって賞を贈るもので、コンクールの市民参加として親しまれている。

「ベガメサイア」は公募団員で結成された合唱団が、プロのオーケストラとともにヘンデル作曲の『メサイア』を歌い上げる。同ホール開館以来、毎年クリスマス時期に行われる名物コンサートである。「宮川彬良&アンサンブル・ベガ」は阪神・淡路大震災からの心の復興を願い、1999（平成11）年に宝塚ベガ・ホールを拠点として結成されたオリジナルアンサンブルである。各地で演奏会が催され、全国的な人気を得ている。

演劇や舞踊など多目的に活用できる宝塚ソリオホールでは、ジャズライブや能・狂言、演劇など多様な催しが開催されている。また、宝塚ソリオホールと宝塚ベガ・ホール、宝塚文化創造館を管理運営する宝塚市文化財団は、宝塚市の文化芸術の推進母体として市内の小学校・幼稚園へアーティストを派遣するなど、アウトリーチ活動を推進。音楽や文化芸術との出会いを提供している。

市民演奏家の活躍もめざましい。市民オーケストラの宝塚市交響楽団は、年2回の定期演奏会のほか、宝塚ベガ・ホールでもファミリーコンサート、街かどコンサートなどで演奏を披露している。約80人の団員を擁する宝塚市吹奏楽団は、定期演奏会や市民行事での演奏会のほか、吹奏楽コンクールに積極的に参加し、2008（平成20）年には、初のCDを発売した。 2023（令

和5）年現在、吹奏楽コンクールでは兵庫県大会で19回の最優秀賞を含む33回の金賞、関西大会では29回の金賞、全国大会には15回出場し、2回の金賞受賞など、輝かしい成績を収めている。宝塚少年少女合唱団は、小学生から高校生の団員約70人で構成。年間10回以上の演奏会のほか、フィンランド・ハンガリー・エストニアなど海外でも演奏活動を行っている。

　市民の手による音楽フェスティバルとして開催された「宝塚音楽回廊」は、宝塚市制50周年と阪神・淡路大震災復興10年の節目となった2004（平成16）年に始まった。市内のホール・ライブハウス・ギャラリー・ホテル・飲食店・駅前広場・公園など、あらゆる場所を会場とし、ジャズ・クラシック・ポップス・シャンソン・ロックなど多彩な音楽が宝塚のまち全体にあふれた。第1回から市民ボランティアが運営を支えて発展してきたのも大きな特徴で、宝塚の音楽土壌の豊かさを物語るイベントであったが、2019（令和元）年を最後にその役割を終えた。

宝塚ベガ・ホール　　　　　　　　　　ベガメサイア

映画のまち宝塚

　かつて宝塚には映画撮影所があった。小津安二郎監督の『小早川家の秋』、成瀬巳喜男監督の『放浪記』、川島雄三監督の『暖簾』、加山雄三主演の『海の若大将』など、日本の映画史に残る名作がこの撮影所で誕生した。

　宝塚と映画の関わりは、宝塚歌劇のレビューに挿入する「キノ・ドラマ」の制作に始まる。キノ・ドラマ第1作目が制作されたのは1937（昭和12）年で、翌年には武庫川町に映画専用のスタジオが建てられた。さらに次の年、歌劇団に映画課が設置され、本格的な映画製作が始まった。映画製作

は、戦前戦後に一時中断せざるを得なくなったが、1951（昭和26）年に阪急電鉄が宝塚映画製作所を設立して再開。2年後に起こった火災により撮影所は一時的に西宮北口に移され、1956（同31）年に新しい撮影所が完成した。再建にあたって阪急グループの小林一三は、ハリウッドと同じ施設をつくるよう指示したという。それだけあってスタジオは、17mの天上高、1,600㎡の広大なステージを備え、当時としては日本最高の設備であった。

宝塚映画製作所
写真提供：宝塚市立中央図書館

　折しも、日本映画の黄金期。宝塚映画製作所は500人以上のスタッフを擁し、年間20本もの映画を撮影した。前述の映画作品のほか、サザエさんシリーズや鞍馬天狗シリーズなど、コメディ・時代劇・文芸作品と、制作された映画やテレビドラマは多ジャンルにわたる。宝塚映画製作所（のち宝塚映像）が1995（平成7）年に活動を終えるまで、劇場用映画176本、テレビドラマ約3,300本が宝塚から世に出て行った。

　こうした「映画のまち宝塚」を地域の文化として継承していこうと、最初に動いたのは市民である。1970年代以降、宝塚から消えてしまった映画館の復興をめざし、1990（同2）年に市民有志が「宝塚に映画館をつくろう会」を結成。のちに宝塚・シネクラブと改称し、市内各地で上映会を開催した。阪急売布神社駅前の震災復興再開発ビル「ピピアめふ」の建設にあたっては、開発の実験工房「コミュニティ・ラボ・めふ」に参加。1999（同11）年に念願のシネ・ピピア開館を実現させた。シネ・ピピアは公設民営のユニークな映画館で、ロードショー館のほかに、市民企画やリクエストに応える市民参加型名画館も備えている。宝塚・シネクラブは「すみれ座」と改称され、自主上映会などの活動を続けている。

　シネ・ピピア開館の翌年秋、宝塚の映画文化復興をアピールする第1回「宝塚映画祭」が開催された。これも市民活動による自主イベントで、すみれ座メンバーをはじめ市民が実行委員会を結成した。宝塚映画製作所で

撮影された映画の上映や映画人によるトークショーなどのイベント、映像コンクールなどを実施し、2020（令和2）年には20周年を迎えた。

一方、2011（平成23）年に公開された映画『阪急電車　片道15分の奇跡』は、宝塚在住の作家・有川ひろのベストセラー小説を映画化した作品で、阪急今津線の沿線や駅、宝塚ホテルなど、映画のまち・宝塚の各地でロケ撮影が行われて話題となった。この作品はまた、主演の中谷美紀が日本アカデミー賞主演女優賞、助演の宮本信子が同助演女優賞に輝くなど、映画界においても高い評価を受けた。

手塚治虫と宝塚

日本のマンガおよびアニメーションを草創期からけん引してきた手塚治虫。『鉄腕アトム』『リボンの騎士』『火の鳥』『ブラック・ジャック』など、多くの名作を世に送り出し、マンガの表現に新たな可能性を拓いた。

手塚は1928（昭和3）年に大阪府豊能郡豊中町（現・豊中市）で生まれ、5歳で家族とともに兵庫県川辺郡小浜村（現・宝塚市）に移り住んだ。以来、1952（同27）年にマンガ家となる決意をして東京に活動の場所を移すまで宝塚のまちで暮らした。手塚の家があった御殿山周辺は豊かな自然に恵まれており、少年時代の手塚は昆虫を追いかけて遊んだ。ペンネームの「治虫」は、昆虫好きだった少年時代に自分の名前によく似たオサムシという昆虫を発見したことから名付けたという。家の近くの宝塚新温泉（のち宝塚ファミリーランド）にあった宝塚昆虫館は、手塚のお気に入りの場所の一つで、大好きな昆虫への興味をさらに深めた。また、家の隣に宝塚歌劇のトップスター天津乙女が住んでおり、手塚はこの隣人にかわいがられて育った。宝塚歌劇ファンであった母親に連れられ、親子で大劇場へ足を運ぶのが楽しみであった。幼いころの観劇体験は作品にも現れており、『リボンの騎士』については宝塚歌劇の影響を受けて描いたとエッセイに書いている。

手塚が宝塚で暮らしていた昭和初期は、阪神間モダニズム文化の黄金期でもあった。歌劇のほかにも、宝塚ホテルでのクリスマス会、洋館が立ち並ぶ郊外住宅地、映画撮影所のある風景など、手塚はモダンなライフスタイルを体験しながら育った。作品の根底に流れている生命の尊厳や作品の

先進性、豊かな物語性などは、宝塚で過ごした幼少期に培われたと言えよう。

こうした手塚の業績を後世へと伝えるとともに、手塚作品の魅力を通じて、青少年に夢と希望を与えることを目的に、1994（平成6）年、宝塚市立手塚治虫記念館がオープンした。手塚のマンガやアニメーション作品が見られるほか、アニメーションづくり体験なども楽しめる。建物正面の円塔頂上部に配置された青いガラスの地球は、手塚の遺作となった『ガラスの地球を救え』をモチーフにしている。また、建物前の『火の鳥』のブロンズ彫刻は、平和への願いを込めたモニュメントとして、同館オープン時に市民からの寄付等により設置。台座部分がタイムカプセルとなっており、市民や学校・団体からのメッセージが収納された。開館30年となる2024（令和6）年にタイムカプセル開封のセレモニーが行われ、メッセージが市民に返却された。

手塚治虫と宝塚の関わりは、文化やまちづくりにも及んでいる。2008（平成20）年には、手塚治虫生誕80周年を記念して、大蔵流能楽師・善竹隆司の手により『ブラック・ジャック』を原作とした新作狂言『勘当息子』、翌年には『老人と木』が宝塚で企画制作され初演されるなど、新たな文化創造が進んでいる。加えて、手塚治虫記念館開館15周年の2009（同21）年から、宝塚市は「リボンの騎士プロジェクト」を展開している。手塚作品の『リボンの騎士』の主人公サファイアを宝塚市の観光大使と位置付け、夢を育むまち・宝塚のイメージをアピール。また、宝塚市は2018（同30）年から『リボンの騎士』の主人公サファイアを描いたオリジナル婚姻届を配付している。

第2章　文化と暮らし

手塚 治虫　Ⓒ手塚プロダクション

宝塚市立手塚治虫記念館
写真提供：同記念館

宝塚とマンガ・アニメ作品

　青少年期を宝塚で過ごした手塚治虫は、自作に宝塚の風景や思い出を描いている。『モンモン山が泣いてるよ』(1971年)は、手塚少年が遊び場とした自宅近くの神社や田園風景、そこで目にした植物や昆虫が登場する。『アドルフに告ぐ』(1983年)は週刊誌で連載された大人向けの

千吉稲荷（手塚治虫 昆虫採集の森）

作品で、第二次世界大戦時の日本とドイツを舞台に、3人のアドルフがたどった運命を描く。作中に「兵庫県川辺郡小浜村[*2]の俗に御殿山と呼ばれる山林の中で」とあり、手塚がストーリー上の重要な場所に宝塚を設定したことがわかる。
　桐木憲一(きりき けんいち)の漫画作品『東京シャッターガール』は、東京の風景を写真撮影する女子高生の物語で、撮影合宿として手塚治虫のふるさと宝塚を訪れる。作品中には、宝塚大劇場やJR福知山線の廃線敷など、手塚ゆかりの地が描かれた。なお、2013（平成25）年には同作品をもとに、手塚治虫の子息の手塚眞(まこと)ら3人の映画監督によるオムニバス映画が制作された。
　切畑水葉(きりはた みずは)の『阪急タイムマシン』は、人付き合いの苦手な女性が幼いころに失った友情を取り戻す物語。宝塚市在住の切畑水葉は、阪急宝塚線や今津線を主舞台に、宝塚の風景を作品に描いている。

宝塚と落語

　戦前戦後、上方落語で活躍した二代目桂春団治(はるだんじ)は清荒神(きよしこうじん)に住み、中山寺の門前で「春団治あめ」を売ったり、清荒神清澄寺(せいちょうじ)の参道で「春団治茶屋店」を営んだりしたという。
　その二代目桂春団治や五代目笑福亭松鶴(しょうふくていしょかく)らが、昭和20年代に相次いでこ

[*2] **川辺郡小浜村**　物語の時代背景が戦前であるため、宝塚市発足前の地名表記である。

の世を去った。けん引者の大看板を失った上方落語は、急速に勢いを失い衰退の危機に瀕した。阪急グループの小林一三はこうした事態を憂い、上方落語に手を差し伸べた。宝塚新芸座道場の会場である宝塚第二劇場（約200人収容）を提供し、1950（昭和25）年に「宝塚若手落語会」をスタートさせたのである。当時20代の桂米朝や桂あやめ（五代目文枝）、桂福団治（三代目春団治）ら若手落語家は団結して上方落語の復興に努力した。各自が話芸を磨くとともに、すでに引退していた長老格の落語家に教えを請うなどして伝統の継承を図り、毎週日曜日ごとに宝塚若手落語会で披露した。

　この落語会は約4年間の活動の後、発展的に解消したが、昭和40年代には上方落語は再び活況を呈するようになった。昭和50年代に入り、かつて若手落語会で腕を磨いた落語家が、今度は門人とともに宝塚に戻ってきた。「桂春団治一門会」「桂枝雀（故人）・桂朝丸（ざこば、故人）兄弟会」「桂米朝一門会」などが、宝塚で催され、公民館ホール（東・西）が誕生した昭和60年代以降、松鶴一門の笑福亭福笑と春団治一門の桂小春団治が中心になって定席の落語会を企画し、落語愛好家たちを楽しませてきた。

　宝塚では「宝塚ソリオ寄席」「めふ乃寄席」「さらら寄席」「中山観音寄席」「ちゃりてぃ寄席」などの地域寄席が盛んだ。また、プロの落語家が小中学生を指導する宝塚こども落語教室では、講座修了時に受講生が高座に上がる「**こども寄席**[*3]」が開催される。「こども寄席」には、同教室の卒業生による宝塚こども落語くらぶも参加するなど、落語ファンの層が広がりつつある。

　余談であるが、二代目桂春団治は宝塚在住時代の手塚治虫に落語会のポスターを依頼したというエピソードがある。手塚がマンガの連載を始めた初期のことで、春団治が手塚を訪ねて行った。その際、手塚は春団治から声がいいとほめられ、落語家になることをすすめられて何度か春団治の家に通ったという。

こども寄席

[*3] 「**こども寄席**」　旧名称「宝塚コドモラクゴる」

文学の舞台

　古くは「猪名県」「武庫国」と呼ばれていた宝塚一帯は、畿内に位置するものの首都の大和や浪速、京から見れば、ひなびた情緒ある農村であった。六甲山（武庫山）・長尾山・猪名川・武庫川・猪名野といったこの地の山河を詠んだ歌は、『万葉集』にも見られる。

　　しなが鳥猪名野を来れば有間山夕霧立ちぬ宿は無くて（巻七）
　　武庫川の水脈を早みか赤駒の足掻く激く濡れにけるかも（巻七）
　　かくのみにありけるものを猪名川の沖を深めてわが思へりける（巻十六）

清少納言の『枕草子』十二段には次のような記述がある。

　　峰は　ゆづるはの峰。阿弥陀の峰。いやたかの峰。

「ゆづるはの峰」とは、一説によると宝塚の南西、小林にある譲葉山をさしているという。清少納言は宝塚の譲葉山を知っていたのだろうか。また、謡曲『船弁慶』でも「あの武庫山おろし譲葉が岳より吹き下ろす嵐に、この御舟の陸地に着くべきやうもなし」と書かれている。

　中世から近世の文学遺産として、宝塚には民話や伝承が数多く残っている。『宝塚の民話』（宝塚市・宝塚市教育委員会）は、宝塚の歴史を学ぶ上でも興味深い（133-138ページ「宝塚の伝説と民話」参照）。

　江戸時代中期の俳人・与謝蕪村は、中山寺の寺男を俳句に詠んだ。

　　養父入は中山寺の男かな

養父入とはやぶ入り、すなわち正月と盆に奉公人が主人からもらう休暇をさす。休暇をもらって寺を出て行くウキウキとした寺男の心情を蕪村は温かみのある句で表現している。

　　やぶいりや余所目ながらの愛宕山

同じく蕪村の句である。中山寺の境内に愛宕の社があることから考えると、この句も中山寺の寺男を詠んでいるのかもしれない。寺男の絵とともに先の2句を描いた「やぶ入り二句」の自画賛（逸翁美術館所蔵）は、2句のつながりを連想さ

与謝蕪村の句碑（中山寺）

せる（ただし、『蕪村全集』では愛宕山とは京都の愛宕山（愛宕権現）の意と解説している）。

浄瑠璃および歌舞伎で人気の演目『双蝶々曲輪日記』は、「吾妻与次兵衛物」と呼ばれる一連の作品群の中でも特に名高い。吾妻与次兵衛物とは、大坂新町の遊女・吾妻と山崎与次兵衛を主人公に展開する物語をさす。山崎与次兵衛のモデルは、宝塚の山本の富豪であった坂上與次兵衛とされ、名妓の吾妻太夫を身請けして、ともに山本に住んだといわれる。晩年、吾妻は山本の正念寺に庵を結び、中山寺の参詣者に茶をふるまったとも伝わる。

明治以降、温泉と歌劇と郊外住宅のまちとして発展した宝塚は、さまざまな文学作品の舞台として登場する。

歌人の与謝野晶子は、1917（大正6）年に夫の与謝野鉄幹とともに阪神間を訪れて宝塚で少女歌劇を鑑賞した。その際、「**武庫川の夕**」*4を題材に3首の歌を詠んでいる。このうち次の1首を刻んだ歌碑が、宝来橋の南に立てられた。

　　武庫川の板の橋をばぬらすなり　河鹿の声も月の光も

俳人の山口誓子は、関西屈指のダンスホール宝塚会館を題材に詠んだ句を、1932（昭和7）年の句集『凍港』で発表している。

　　除夜たのしワルツに青きひかりさす
　　歓楽のジャズに年去り年来たる

近代小説に描かれた宝塚は、どうだったのだろう。

岩野泡鳴の『ぽんち』（1913年）は、箕面有馬電気軌道の開業で急速に発展していった明治末の宝塚温泉が舞台である。大阪商人の目を通して、華やかな新興遊

与謝野晶子の歌碑

---

*4 「**武庫川の夕**」
　武庫川の板の橋をばぬらすなり　河鹿の声も月の光も
　夕風は浅瀬の波をしろく吹き　山をばおもき墨いろに吹く
　風吹けば夜の川波に早がきの　文字かく灯かな湯の窓にして

楽地の姿が描かれる。

　吉川英治の『あるぷす大将』(1934年)では、モダンな西洋風の異国として、宝塚歌劇や新温泉、宝塚ホテルの風景が登場する。

　織田作之助の『郷愁』(1946年)は、小説家が阪急清荒神駅のプラットホームに到着した場面から始まる。執筆に苦しむ小説家は織田自身の投影であろう。人影のない夜の駅で出会った女性との会話や大阪で見かけた浮浪者の子どもの姿を通して、小説家は「人間を書こう」との思いにたどり着く。

　宝塚歌劇や宝塚新芸座の脚本も手がけた菊田一夫は、大阪を舞台にした『がしんたれ』(1959年)で、宝塚歌劇や温泉街のにぎわいを描いている。

　井上靖の短編『孤猿(こえん)』(1956年)には、宝塚に別邸をもつ日本画の大家が登場する。この画家は橋本関雪(かんせつ)と思われ、主人公の新聞記者が訪ねる宝塚の別邸は売布の「冬花庵(通称)」であろう。

　水上勉(みずかみつとむ)の『櫻守(さくらもり)』(1969年)は、桜の品種改良と保存に生涯を捧げた笹部新太郎をモデルにしている。笹部はJR武田尾駅近くの山林を演習林とし、品種保存や接ぎ木の研究などを行った。小説には演習林や「亦楽山荘(えきらくさんそう)」、近隣の集落、武田尾温泉の様子などが描かれている。

　西宮市の夙川や仁川で少年時代を過ごした遠藤周作は、当時、宝塚新温泉にあった文芸図書館に通い、トルストイやドストエフスキー、モーパッサンの小説を借りて読んだ。遠藤は「当時、小説家になる意思など毛頭なかったが、その小さな第一歩は仁川とこの宝塚ではじまったと言ってよい」(『心のふるさと』文藝春秋 1997年)と書いている。小説『砂の城』(1976年)には遠藤が愛した文芸図書館とともに、「うつくしいもの」の象徴として逆瀬川の渓流が登場する。

　栗山良八郎の長編小説『宝塚海軍航空隊』(1981年)は、太平洋戦争末期に海軍航空隊に接収された宝塚大劇場が舞台である。入念な取材により、華やかな光あふれる大劇場の、もう一つの歴史を記しており、第85回直木賞候補となった。

　阪急電鉄の経営者・小林一三は青年時代に作家を志して、宝塚少女歌劇の脚本を自ら手がけたほか、自伝や随筆などの著作も多数残した。『逸翁自叙伝』(1953年)には箕面有馬電気軌道(現・阪急電鉄)の開業や宝塚

新温泉の開発、宝塚歌劇の創設などの事業過程とともに、明治・大正・昭和期の宝塚温泉の様子が描かれている。一方で、独自のビジネスモデルを確立した小林の経営哲学や人物像は、多くの文学作品の対象となっている。中でも、芥川賞作家の阪田寛夫が書いた『わが小林一三　清く正しく美しく』（1983年）は、評伝小説として高い評価を得ており、毎日出版文化賞を受賞した。

宝塚歌劇の熱烈なファンとして知られる田辺聖子は、エッセイ『夢の菓子をたべて－わが愛の宝塚』（1983年）で、歌劇への愛を綴っている。その中で、花のみちの春の情景を「三百本あまりの桜が空を掩うほど咲き、足もとには、山吹、つつじ、れんぎょうがむらがり続くのだが、この薄桃色の花の雲に包まれるときが、もっとも宝塚観劇にふさわしい」と称えている。

文学者の須賀敦子は6歳から小林聖心女子学院に通った。『ユルスナールの靴』（1996年）には、駅から学校までの桜並木の坂道や厳格なミッションスクールの情景が描かれる。須賀がユルスナールに傾倒していった過程と小林聖心女学院で過ごした日々のエピソードが重なって興味深い。

宝塚市在住の作家・有川ひろの『阪急電車』（2008年）は、阪急今津線の片道20分足らずの車中で起こる小さな物語をオムニバスで描く。阪急清荒神駅の宝塚市立中央図書館、武庫川中州の「生」オブジェ、阪急宝塚南口駅前にあった旧宝塚ホテル、阪急小林駅のツバメの巣といった日常風景を描く作者のまなざしに、この沿線への愛着がにじむ。

詩人の杉山平一は現代詩と映画評論に生涯を捧げ、宝塚映画祭の顧問も務めた。2012（平成24）年、歴代最高齢の97歳で詩集『希望』が第30回現代詩人賞を受賞。詩作について「日常の、今生きている世界から何かを拾ってくる」と語るように、平明な言葉の中に柔らかなユーモアが込められた作品を書き続けた。

美術と野外彫刻

清荒神清澄寺境内の鉄斎美術館は、同寺の第三十七世光浄和上が、半世紀以上にわたって収集した富岡鉄斎の作品約2千点を収蔵。広く一般公開

している。

　富岡鉄斎は、明治から大正にかけて活躍した文人画家で、「画聖」とも「日本最後の文人」ともいわれる。幼いころから国学・漢学・南画・大和絵を学び、日本各地を旅して絵画の題材を求め、学問と作画に生涯を捧げた。中国の古典をもとにした作品は、古典への深い造詣に裏付けられると同時に、自由奔放な筆遣いや色彩感覚によって、斬新かつ独自の境地を開拓している。

鉄斎美術館　写真提供：清荒神清澄寺

　鉄斎美術館の開館は、1975（昭和50）年。これに先立つ1957（同32）年から、海外40都市、国内90会場で鉄斎展を開催し、作品の普及に努めた。

　なお、鉄斎美術館の入館料は、全額が宝塚市に寄付され、宝塚市立中央図書館内の「**聖光文庫***5」の美術書購入基金となっている。

　一方、宝塚のまちを彩る美術品に野外彫刻がある。阪急逆瀬川駅周辺の歩道に見られるように、彫刻の多くは市街地景観の一部となっており、まち行く人の目を楽しませている。文化功労者の淀井敏夫や朝倉文夫、清水多嘉示といった著名な彫刻家や海外彫刻家の作品も多く、具象から抽象まで多彩な表現が見られて興味深い。

　現代美術の分野では、元永定正と美術家・絵本作家の中辻悦子夫妻がいる。元永は抽象画でありながらユーモラスな作風で知られ、世界的に高く評価されている。2011（平成23）年に惜しまれつつこの世を去ったが、遺族が作品60点を宝塚市に寄贈した。

　宝塚大学出身の現代美術家・大野良平は、震災10年目の2005（同17）年に「まちと人と心の再生」を願って武庫川の中州に「生」のオブジェを制作して注目を集めた。この作品は、小説『阪急電車』（2008年）の印象的なエピソードとして取り上げられた。川の中州に積み上げた石を作品とするため、武庫川が増水すると押し流されて消失してしまう。このため流出

---

*5　**聖光文庫**　宝塚市立中央図書館内に設置された特別閲覧室。国内外の美術史・絵画・書跡・彫刻・工芸などに関する資料が集められている。

の都度、作者と宝塚市、市民ボランティアによる再生プロジェクトが立ち上げられ、これまでに10回以上の再生が行われている。なお、宝塚大橋の南詰にはステンレス製の「生」の彫刻が建てられた。

宝塚ホテルのロビー上部の壁には、洋画家の小磯良平（こいそりょうへい）が原画を描いた緞帳（どんちょう）の一部が掛けられている。画題は「騎士の門出」。小磯が得意とした群像図で、舞台の賑わいをほうふつとさせる。この緞帳は1976（昭和51）年から1981（同56）年まで宝塚大劇場

アルマン・フェルナンデス「クレシェンド」

で使用されたのち、阪急宝塚南口駅前の旧宝塚ホテル内に展示され、さらに現在の宝塚ホテルに引き継がれたものである。

元永定正「いろだま」
写真提供：宝塚市

「生」オブジェ
写真提供：記憶の中の「生」再現プロジェクト

小磯良平「騎士の門出」（宝塚ホテル）

宝塚市立文化芸術センター

　2020（令和2）年、手塚治虫記念館の隣接地に宝塚市立文化芸術センターがグランドオープンした。同センターは、文化芸術のまち宝塚の魅力発信と創造、市民の相互交流の拠点として新設された施設で、多種多様な企画展や企画イベントの会場として利用されている。主に展覧会を開催するメインギャラリーを中心に、イベントや講演会になどにも利用できるサブギャラリーとキューブホールを備える。これらの空間では、宝塚ゆかりの作家の美術展や市民公募展、キッズアート展など多彩な展覧会のほか、マルシェなどのイベントが催されている。

　1階のライブラリーには展覧会や文化芸術に関する図書、子ども向けの絵本や図鑑などが開架で並んでおり、その場で閲覧できる。建物は地上2階の低層建築で、屋上には芝生や植栽に彩られた庭園が広がる。

　同センターの立地は、かつて宝塚ファミリーランド（2003年閉園）および宝塚ガーデンフィールズ（2013年閉園）があったことから、庭園の一部を保存・活用したメインガーデンと広々としたみんなの広場が設けられた。四季の花々に彩られるメインガーデンには、手塚治虫作品のキャラクター像などが配置され、市民の散歩道やピクニックスポットとしても親しまれている。また、手塚治虫記念館と宝塚文化創造館に隣接しており、3館と付近の宝塚大劇場（宝塚歌劇の殿堂）、宝塚ホテルと合わせて宝塚市の文化芸術・観光ゾーンを形成している。

市立文化芸術センター　写真提供：同センター

市立文化芸術センターのシンボルマーク　画像提供：同センター

宝塚の観光

宝塚で温泉と観光を楽しむ

中山寺や清荒神清澄寺、売布神社などの神社仏閣が点在し、京都・大阪からのアクセスも良好な宝塚は、古くから観光地として親しまれてきた。18世紀末の『摂津名所図会』*6には、宝塚の名所がたくさん紹介されている。「西（最）明寺滝」「紫雲山中山寺」「蓬莱山清澄寺」「賣布神社（売布神社）」「小浜駅（小浜宿）」「出雲路山毫摂寺」など、江戸時代の旅人は、現在もよく知られている観光名所に足を運んだ。

『摂津名所図会』中山寺に至る道中
画像提供：宝塚市立中央図書館

明治中期に宝塚温泉が開業すると、温泉客向けの名所「宝塚温泉八景」（宝橋新月（宝来橋）・面山風巒（宝塚温泉から見た川面の山々）・荒神秋葉（清荒神）・塩寺晨鐘（塩尾寺）・磯西晩渡（伊孑志の渡し）・小林梅雪（宝梅園）・甲山過雨（逆瀬川より眺む甲山）・丁字銀川（丁字ケ滝））を選定して、情緒ある温泉地のイメージを打ち出した。やがて阪鶴鉄道（現・JR福知山線）や箕面有馬電気軌道（現・阪急宝塚線）が開通し、交通便利になった宝塚には多くの温泉客が訪れるようになった。

箕面有馬電気軌道は沿線開発の一環として武庫川左岸にモダンな温泉場をつくり、少女歌劇を上演して宝塚に一大リゾート地をつくりあげた。武庫川左岸の温泉場は後発であり、西洋風の施設であったことから新温泉と呼ばれるようになり、先につくられた武庫川右岸の温泉場は旧温泉と呼ばれた。

武庫川両岸に新旧の温泉が誕生したことは、相乗効果をもたらしたようだ。作家の北尾鐐之助は昭和初期に書いた『宝塚新繁昌記』で、「いった

＊6　『摂津名所図会』　1796-98（寛政 8-10）年に刊行された摂津国の地誌。観光ガイドとしても利用された。

い、宝塚ほど、川の東西の景情の変わっているところはない。東岸の新温泉、歌劇場は、どこまでもモダン気分、大衆気分、日帰り気分。それに引きかえて、西岸の旧温泉は、入湯気分、遊蕩気分、逗留気分」と新旧温泉を対照している。1936（昭和11）年には旧温泉の年間入場者数が約30万人に、1942（同17）年には新温泉の年間入場者数が188万人に達し、新旧の宝塚温泉はますますにぎわった。

このような宝塚温泉への誘客として、大正時代すでに春夏秋冬の観光開発が行われている。春は宝梅園や米谷梅林の観梅に始まり、初夏は山本の牡丹、イチゴ狩り、鮎釣り、夏は武庫川の納涼と蛍狩り、秋は松茸狩り、冬は雪景色。宝塚の魅力は、温泉と歌劇だけではなかったのである。

1913（大正2）年に始まった花火大会は、100年余りの歴史を誇る。市街地の武庫川河川敷で打ち上げることから、迫力ある花火が楽しめると好評で、毎年8月に「宝塚観光花火大会」の名称で開催。花火と音楽を組み合わせた独特の演出により、宝塚の夏の風物詩として親しまれたが、打ち上げ場所周辺の高層建築の増加などによって安全確保が困難となり、2015（平成27）年を最後に休止となった。

宝塚大劇場の南側、武庫川につくられた初代の観光ダムは、1964（昭和39）年に完成し、当初は貸しボートの営業も行われた。1969（同44）年に噴水もつくられたが、阪神・淡路大震災で被災し撤去された。その後、河川の改修事業で元の位置から70m下流に二代目の観光ダムが建設され、2001（平成13）年に観光噴水も再整備された。噴水は不死鳥がテーマで、その誕生から大空に羽ばたくまでの様子を表現しており、「ビッグ・フェニックス」と名付けられた。

ゴルフリゾートとしても宝塚は人気が高い。1926（大正15）年にオープンした宝塚ゴルフ倶楽部をはじめ、市内のゴルフ場は10カ所。プロの競技会が開催されるゴルフ場や有力なプロゴルファーを輩出してきたゴルフ場もあり、ゴルフ人気を支えている。

太平洋戦争後の高度成長時代には、家族連れの行楽地として宝塚ファミリーランドが大いににぎわった。さまざまなアトラクションのほか、動物園・人形館・イベントホール・プールなどが次々とオープンし、関西屈指

のアミューズメントパークとして人気を誇った。2003（平成15）年の閉園後は、宝塚ガーデンフィールズとして緑やペットとふれあう憩いの公園となったが、2013（同25）年末に閉園した。跡地の一部には宝塚市立文化芸術センター（60ページ参照）が建設され、隣接する手塚治虫記念館や宝塚文化創造館、庭園とともに宝塚の文化・芸術ゾーンを形成している。

　仁川のJRA阪神競馬場は、全国に10カ所ある中央競馬場の一つで、宝塚記念や桜花賞などの重賞レースも開催される。その前身は、明治末期に西宮の鳴尾村にあった2つの競馬場で、競馬倶楽部の統合や海軍による用地接収を経て、戦時中は一時停止された。終戦後には川西航空機宝塚工場の跡地に移転し、1949（昭和24）年に現在の阪神競馬場として再スタートした。宝塚記念では、宝塚市長賞として市が優勝カップを授与している。

　宝塚市は1986（同61）年に神戸市・姫路市とともに国際観光都市に指定された。2021（令和3）年の調査によると、年間約850万人の観光客が訪れている。

宝塚温泉の開湯

　宝塚温泉がいつ発見されたのかは、分からない。最も古い記録は鎌倉時代に藤原光経という公卿が、1223（貞応2）年に摂津国の「小林の湯」に滞在し、去り際に土地の遊女に贈った「旅人の行き来の契り結ぶとも　忘るな我を　我もわすれじ」という和歌である。詞書に「津の国のをはやし（小林）といふ所にゆあみ（湯浴）むとてまかり」と書かれていることから、小林には温泉場があり京都から貴族が足を運ぶ場所であったことがわかる。藤原光経の湯治から800年にあたる2023（令和5）年、宝塚温泉800周年の記念式典が開催された。

　塩尾寺の縁起伝説では、室町幕府十二代将軍足利義晴のころ（1521－46年）、この地に住む老女が病にかかったが、中山寺の観世音菩薩のお告げで、武庫川沿い鳩ケ淵の柳の根元にわく霊水「酸い水と鹹い水」を浴びると病が治ったという。老女は感謝を込めて泉源の側の柳で観音像を彫り、それを納めたのが塩尾寺だという。この寺の名も温泉に関係が深い。宝塚温泉はナトリウム（塩分）と鉄分が濃い。この温泉水を昔の人は塩湯だと考え、

それが流れる谷川を「塩谷川」、その側の尾根を塩尾と名づけ、そこにある寺を塩尾の寺と書いて音読みしたのである（133ページ「宝塚市の伝説と民話」参照）。

　江戸時代に書かれた『摂津名所図会』は、「塩尾湯」として「塩水湧出す。これを汲で温湯とし、浴する時は能く痼疾（持病や長い間悩まされている病気）を治す。有馬温泉ながれ来ってこゝに湧出すともいう。此山脈川面村に続く。此ゆえに川面湯ともいう」と説明している。塩分と鉄分を多く含む宝塚の温泉は濁った赤褐色の湯であったため、有馬温泉から流れ出していると書かれたのだろう。

　宝塚が温泉地として本格的に開かれたのは、明治中期のことである。温泉地開発の経緯については、旅館分銅家（現在は廃業）創業者の小佐治豊三郎が書いた『宝塚温泉発見以来の顛末』（1911年）が詳しい。当時、大阪で牛乳商を営んでいた小佐治のところに、川面村（現・宝塚市川面）の岡田竹四郎という人物が訪ねてきた。岡田は父が始めた山の開墾を進めるため、牛馬に詳しい小佐治にアドバイスを求めたのである。そこで小佐治は、親戚にあたる川面村の田村善作宅で岡田と会った。このとき、小佐治は武庫川右岸の「酸い水と鹹い水」がわく場所を教わり、この水をくんで持ち帰った。これを知り合いの医者に贈ったところ、飲用・浴用にも適する鉱泉水であることがわかったため、小佐治は岡田と田村に相談し、共同で温泉場を開発しようと提案した。大阪衛生試験場の水質検査でお墨付きを得て、最初の温泉場が開業したのは1887（明治20）年のことであった。この最初の温泉場は、現在のホテル若水の位置にあった。

　なお、昭和初期に牧田重好が書いた『宝塚温泉の今昔』（1936年）では、温泉の発見などに関する記述が先の小佐治の記録とは必ずしも一致しない。しかし、新しい温泉場の命名について、関係者が「縁起のいい名前を付けよう」と発案し、江戸時代の地誌『摂陽群談』『摂

初期の旧温泉　写真提供：宝塚市立中央図書館

津誌』や『摂津名所図会』に見られる塚の名称「宝塚」を採用したことは双方ともに記載している。温泉名の「宝塚」にちなんで、開業時は旅館や掛茶屋の名称も「分銅家」「弁天楼」「宝茶屋」といった名で宝づくしにしたという。

　宝塚温泉はこのようにして開かれていったが、交通不便な場所であったことから、期待に反して温泉場の経営は次第に行き詰まってしまった。数年の中断の後、1897（明治30）年に宝塚温泉場持主組合が再興したのは、同年末に大阪と舞鶴を結ぶ阪鶴鉄道（現・JR福知山線）の池田－宝塚間の完成を見込んでのことであろう。しかし、同年秋の豪雨で武庫川が氾濫し、温泉場の建物が流出。浴場に掲げてあった扁額は、泉州浜寺（堺市）まで流されたという。1899（同32）年に温泉場が再建されると、鉄道の開業で大阪と結ばれた宝塚温泉には浴客が急増し、旅館や料理店、土産物店などが増えていった。また、宝塚駅と温泉場を結ぶアクセス路として、地元有志の出資で武庫川に宝来橋が架けられた。

初代の宝来橋　写真提供：宝塚市立中央図書館

宝塚新温泉の誕生

　1910（明治43）年に開業した箕面有馬電気軌道（現・阪急電鉄）は、電鉄事業と沿線開発を一体化した斬新な手法で経営を進めた。沿線開発の大きな柱は郊外住宅地の開発・分譲と行楽地の開発・運営で、のちには大阪や神戸の学校にキャンパスを供給して誘致に努めた。

　同社における行楽地の開発は、開業年にオープンした箕面動物園

宝塚新温泉　写真提供：宝塚市立中央図書館

に始まる。これに続いて、1911（明治44）年に開業したのが、宝塚新温泉である。経営者の小林一三は、鉄道網の充実で武庫川右岸の宝塚温泉が活況を呈していったのを見て、当時は未開発であった武庫川左岸に豪華な温泉場をつくった。大理石造りの浴槽を備えた大浴場は東洋一と称賛され、洋風でモダ

宝塚新温泉パラダイス
写真提供：宝塚市立中央図書館

ンな建物であったことから、旧来の温泉街に対して「宝塚新温泉」と呼ばれた。この温泉場はまたたく間に人気を博し、開場1年間で入浴客数が45万人にも達した。さらに、1912（同45）年、新温泉の隣に開業したパラダイスは、当時としては珍しい室内プールを設けた施設であった。ただし、水を温める設備を備えておらず、泳ぐことができたのは夏場だけであったことから、開業の翌年にはプール営業の終了を余儀なくされた。しかし、以後は水浴場部分を客席に転じて劇場として活用する。パラダイスは、当初から室内プールと劇場の二つの機能を考慮して設計されていたのであった。

　1914（大正3）年4月、パラダイス劇場で宝塚少女歌劇がデビューした。これが人気を博すと、宝塚に箕面公会堂を移築して公会堂劇場と名付け、観客を呼び込んだ。さらに、新温泉の東に宝塚大運動場を整備するとともに、1924（同13）年には観客4千人を収容する大劇場を竣工した。同じ年、劇場周辺には遊園地の宝塚ルナパークが誕生し、動物園や植物園、映画館などの施設と陸橋でつながれ、一大アミューズメントパークが形成されていった。武庫川左岸堤防を整備して形成された花のみちには商店が並ぶようになり、新温泉の設備・機能は拡大に次ぐ拡大を遂げた。1960

宝塚ルナパーク
写真提供：宝塚市立中央図書館

（昭和35）年、この動・植物園や遊園地を一体的に「宝塚ファミリーランド」と命名。この当時、年間350万人の来場者を集めた。

日本的な風情を感じさせる温泉街が形成されていった旧温泉、女性や子どもを対象に娯楽性を追求していった新温泉。武庫川を挟んで対面する２つの温泉地が、互いに相乗効

宝塚ファミリーランド
写真提供：宝塚市立中央図書館

果を発揮して、宝塚を郊外型温泉リゾート地へと発展させた。1926（大正15）年には地元の平塚嘉右衛門と阪急電鉄の共同出資により宝塚ホテルが開業。ヨーロッパ風の瀟洒な建物とテニスコートを備え、高級リゾート地のイメージを築いた。さらに、ホテル内には社交クラブの宝塚倶楽部に加え、宝塚ゴルフ倶楽部が発足し、阪神間の富裕層の社交の場となった。

宝塚温泉と武田尾温泉

宝塚温泉の泉質は、「含炭酸・含鉄・含弱放射能－ナトリウム－塩化物強塩泉」である。多量にガスを含み、無色透明（採水直後から白濁し、徐々に褐色に濁る）、強い塩味、清涼味、金気を有する。神経痛・筋肉痛・関節痛・五十肩・運動麻痺・関節のこわばり・うちみ・くじき・慢性消化器病・痔疾・冷え症・病後回復期・疲労回復・健康増進・きりきず・やけど・慢性皮膚病・虚弱児童・慢性婦人病などに効能があるとされる。泉温は38.2度（気温17.5度）で、毎分195ℓの湧出がある。現在、宝塚温泉の泉源を利用しているのは、「ホテル若水」「宝塚ワシントンホテル」と温泉施設「ナチュールスパ宝塚」の３カ所である。

宝塚の奥座敷ともいわれる武田尾温泉は、深い山と武庫川が描き出す渓流美に恵まれた温泉地である。江

武田尾温泉　写真提供：宝塚市立中央図書館

JR福知山線廃線敷
ハイキングコース

戸時代の寛永年間（1624-44年）に豊臣方の落武者であった武田尾直蔵が発見したと伝えられる。泉質は放射能泉で、リウマチ性疾患・痛風・高血圧症などに効能があるとされる。現在、宝塚市の「紅葉舘別庭あざれ」が営業している。近年、武田尾はハイキングコースとしても人気である。JR福知山線の複線電化工事に伴って宝塚-三田駅間の山間地にトンネルが掘削され、1986（昭和61）年に新路線が完成したことにより、旧線路が廃線となった。これをJR西日本が整備して、2016（平成28）年に一般開放を始めた。武庫川渓谷の雄大な自然景観を眺めながら、明治時代に掘られたトンネルや鉄橋が連なるコースを歩くことができる。

このほか、宝塚市内の中筋に自噴・かけ流しの温泉、宝乃湯がある。現在は廃業しているが、明治から昭和初期にかけて、宝塚には花屋敷温泉・新花屋敷温泉・中山温泉もあった。

ウィルキンソン・タンサン

明治中期に宝塚温泉を開発した際、温泉場を経営する保生会社は、泉源近くに無塩の炭酸泉を発見して炭酸水の瓶詰め工場を建設した。これを1890（明治23）年ごろに譲り受けて「TAKARADZUKA MINERAL WATER（宝塚ミネラルウォーター）」として炭酸水の瓶詰め・販売を開始したのが、神戸の外国人居留地で貿易業を営んでいた英国人のJ・C・ウィルキンソンである。当初は宝塚の紅葉谷に瓶詰め工場を開いたが、

昔のタンサン・ホテル、ウィルキンソンのポートレート
写真提供：アサヒ飲料株式会社

生産量の増大とともに紅葉谷工場の源泉が枯渇してきたため近隣で新たな鉱泉を探索。有馬郡塩瀬村生瀬（現・西宮市）で良質な鉱泉を探しあて、1904（明治37）年に工場を移転した。ウィルキンソンの本社は神戸の外国人居留地82番にあり、生産した炭酸水はヨーロッパや北米、南米、アジア諸国へ輸出された。

　また、ウィルキンソンは1890（同23）年ごろに、分銅家の山手に欧風スタイルのタンサン・ホテルを開業した。阪神間で最も古いリゾートホテルの一つで、1891（同24）年に出版された外国人向けの日本旅行ガイド本に「タカラヅカ・ホテル」として広告が出ている。これによると、美しい自然に恵まれた好立地にあり、鉄分を含んだ温泉が健康を増進するとある。

　明治・大正期には炭酸水やラムネ、サイダーなどの飲料水が普及し、各地に鉱泉の瓶詰め工場ができた。1909（同42）年には宝塚鑛泉合資会社が、炭酸水を利用したタカラサイダーを販売している。また、炭酸泉を使った炭酸煎餅が製造され、宝塚温泉の土産物として売られるようになった。

　ウィルキンソンの会社は娘と娘婿が事業を継承したのち、孫のプライスが三代目を継承。戦後に米国のゼネラル・フーズと事業提携してバヤリース・オレンヂを販売したが、1980年代に朝日麦酒社（現・アサヒ飲料）に商標を売却して事業から撤退した。生瀬の瓶詰め工場も1990（平成2）年に閉鎖された。

　現在も、武庫川の川底には炭酸水の湧出口があり、宝来橋の下辺りでは泡の吹き出しが確認できる。明治・大正期には宝来橋のたもとに「天然たんさん水この下ニあり」と刻まれた石柱が立っていたが、いつの間にか失われてしまった。そこで、2019（令和元）年に石柱を復元するとともに、2024（同6）年に7月15日をウィルキンソンの日と定めて「ウィルキンソン・タンサン発祥のまち宝塚」をアピールしている。

「天然たんさん水」の碑

商店街とショッピングモール

　宝塚の商業は、宅地開発に伴う人口増とともに拡大した。小売店の数は

昭和40年代から急増し、昭和50年代半ばをピークに減少に転じた。これは大型店やスーパーマーケットの進出による小規模店の縮小が進んだからであろう。

一方で、宝塚では早くから駅前再開発が進んでおり、地域商業の核を形成している。宝塚南口駅前のサンビオラは市内の再開発事業第1号で、1974（昭和49）年に1・3号館が開業した。3号館は2012（平成24）年にタワーマンションに建て替えられた。

清荒神参道商店街「龍の道」

阪急の駅前再開発事業としては、逆瀬川駅前のアピア、宝塚駅前のソリオがあり、阪神・淡路大震災以降は復興事業として再開発が進み、売布神社駅前のピピアめふ、仁川駅前のさらら仁川が誕生した。いずれも駅前立地の利便性に優れ、地域の生活の核施設となっている。

特色ある商業地としては、清荒神参道商店街と再開発による商業ビル花のみちセルカが挙げられる。

清荒神参道商店街は、清荒神駅から清荒神清澄寺までの参道1.2kmに100軒ほどの店舗が連なり、行楽シーズンや法要日、初詣には露店も出て大いににぎわう。みやげ物店や仏具店、食堂などが軒を連ね、いかにも門前町らしい風情で、ゆるやかにくねる坂道は「龍の道」の愛称で親しまれている。近年は、カフェなどの新しい店の開業も目立つ。

花のみちセルカ　写真提供：宝塚市

花のみちセルカは宝塚駅から宝塚大劇場に至る道沿いに並ぶビルで、2000（同12）年に華やかなプロムナードが誕生した。デッキやブリッジで結ばれ、変化に富んだ商業地を構成しており、歌劇のまちにふさわしい雑貨店や飲食店、みやげ物店など、多様でおしゃれな店舗が並ぶ。

宝塚ブランド「モノ・コト・バ宝塚」

宝塚歌劇や手塚治虫記念館に代表される芸術文化、古くから多くの来訪者を集めてきた温泉や神社仏閣、歴史的な街並み、武庫川や六甲山・長尾山地の自然、田園風景、そして地域の祭りなど、宝塚には多彩な魅力がたくさんある。そんな"宝塚らしい"魅力資源を「モノ（物）」「コト（事）」「バ（場）」として選定し、市内外へ広く発信する取り組みが「モノ・コト・バ宝塚」である。2012（平成24）年の第１回から2023（令和５）年まで、これまでに７回の募集が行われ、185件の「モノ・コト・バ宝塚」が選定された。

「モノ・コト・バ宝塚」ロゴ　画像提供：宝塚市

宝塚市観光大使リボンの騎士「サファイア」

2009（平成21）年、手塚治虫記念館が開館15周年を迎えた節目に、宝塚市は手塚治虫の代表作『リボンの騎士』の主人公サファイアを特別市民に選定。さらに、サファイアを宝塚市のイメージシンボルとして活用しようと、「リボンの騎士プロジェクト」を展開している。同プロジェクトでは、一般公募で選ばれた宝塚観光大使サファイアが市内外で宝塚の観光や魅力をＰＲしている。2023（令和５）年度までに活動したサファイアは24人。宝塚市のイベントや式典への参加、公式Instagramによる情報発信などに携わっている。

「リボンの騎士プロジェクト」ロゴ
Ⓒ手塚プロダクション

交通の発展

JR宝塚線と阪急電鉄

　宝塚に初めて鉄道が敷かれたのは、1897（明治30）年、阪鶴鉄道（現・JR福知山線）の池田－宝塚駅間の開通である。阪鶴鉄道は伊丹や大阪の資本家によって創業した私鉄で、商都の大阪と日本海の港の舞鶴とを結ぶ南北縦断路線として計画された。この路線によって宝塚は、尼崎（神崎）駅を経由して鉄道で大阪と結ば

阪鶴鉄道宝塚駅（明治時代）
写真提供：宝塚市立中央図書館

れ、1899（同32）年に尼崎－福知山駅間が完成すると、丹波や丹後地域とも結ばれた。阪鶴鉄道は1907（同40）年に国有化されて官営鉄道福知山線となり、福知山駅で山陰線と接続して大阪と山陰地方を結んだ。

　戦後の高度経済成長を経て沿線の開発が進んだ福知山線は、1981（昭和56）年に大阪－宝塚駅間が複線電化された。1988（同63）年、JR福知山線の篠山口駅から尼崎駅までと、尼崎駅から大阪駅までの東海道線を含めた路線に、「JR宝塚線」の名称がつけられた。1997（平成9）年のJR東西線開業に伴い、宝塚線は尼崎駅を介して東西線と京都線の双方に乗り入れた。JR宝塚駅では駅舎の橋上化工事が行われ、2010（同22）年春に駅舎が完成し、さらにJRと阪急の宝塚駅間の道路が立体交差で整備された。

　市内に位置するJR宝塚線の駅は、中山寺駅・宝塚駅・武田尾駅の3カ所。大阪と宝塚、さらには三田・丹波を結び、通勤通学の足としてはもちろん、明治から昭和期には山本の植木の輸送、中山寺や宝塚温泉への観光客の誘致などに大きな役割を果たしてきた。しかし、2005（同17）年に発生したJR福知山線脱線事故では、107人の尊い命が犠牲となり、うち16人が宝塚市民であった。

　阪急電鉄の前身である箕面有馬電気軌道は、1910（明治43）年に梅田－

宝塚駅間（宝塚線）と石橋－箕面駅間（箕面線）が開業した。1913（大正2）年には宝塚－有馬間の軌道敷設権を放棄したが、神戸線の開業計画が進む中、1918（同7）年に社名を阪神急行電鉄と改めた。1920（同9）年には神戸本線と伊丹線、翌年には西宝線（現・今津線）の西宮北口－宝塚駅間を開通させ、宝塚は大

箕面有馬電気軌道宝塚停車場（明治時代）
写真提供：宝塚市立中央図書館

阪からも神戸からも電車でアクセスできるようになった。現在、阪急宝塚駅は、宝塚線と今津線が乗り入れるターミナルとなっている。

　阪急宝塚線は、市域南部の長尾山麓を東西に横切って走っている。東端の雲雀丘花屋敷駅*7は川西市との市境上にあり、西に向かって山本駅・中山観音駅（2013年に中山駅から改称）・売布神社駅・清荒神駅・宝塚駅と続く。宝塚駅は、1994（平成6）年に高架となった。また、雲雀丘花屋敷駅の南西には車両の検査やメンテナンスをする平井車庫がある。

　阪急今津線は、宝塚駅から東進し宝塚大劇場の東側でカーブして武庫川を越え、西宮北口駅に向かって南下する。宝塚南口駅・逆瀬川駅・小林駅・仁川駅までが宝塚市域である。

　ところで、宝塚に計画されたが実現しなかった「幻の路線」がいくつかある。阪神電鉄が構想した「宝塚尼崎電気鉄道」と、それに対抗して阪急電鉄が構想した伊丹線の南北延伸「宝塚－伊丹－阪神尼崎線」は、阪急と阪神がし烈な競争を繰り広げていた大正末から昭和期にかけて計画された。宝塚尼崎電気鉄道は、線路の敷設工事を一部行っていたが、諸問題に行き詰まって鉄道の開業を断念。線路用地を転用して1932（昭和7）年に関西初の自動車専用道路を完成させ、阪神国道自動車（阪国バス）を走らせた。この道路が、現在の県道42号尼崎宝塚（尼宝）線である。

＊7　**雲雀丘花屋敷駅**　1910（明治43）年に宝塚線が開業した際は花屋敷駅という駅名で、現在地より約200ｍ東にあった。雲雀丘地区の住宅開発により、1916（大正5）年に雲雀丘駅が新設されたが、1961（昭和36）年に2つの駅が統合され現在の雲雀丘花屋敷駅となった。

市内外を結ぶバス路線

　宝塚市内を走る路線バスは、阪急バス・阪神バス・伊丹市営バス（伊丹市交通局）の3系列である。

　阪急バスは最も古く、1924（大正13）年に宝塚－名塩(なじお)間の路線免許を取得した宝塚自動車商会がそのルーツである。翌年には名塩－山口－有馬間の延長の免許も取得し、阪急電鉄の支援で宝塚有馬自動車が誕生した。阪急電鉄の前身である箕面(みのお)有馬電気軌道が、当初は宝塚－有馬間を結ぶ予定であったのをバスで代替えした格好である。以後、宝塚を中心に、有馬温泉・伊丹・尼崎などを結ぶバス路線が拡大。太平洋戦争後は阪急バスと改称し、阪急電鉄の各駅と住宅地を結ぶ路線を広げている。

　宝塚市の西谷地区を走る阪急バスは、1924（同13）年に西谷村の村長が発起人となって設立した準村営の西谷自動車（西谷バス）が前身である。同社は上佐曽利(さそり)－国鉄武田尾駅間の乗合自動車業の免許を取得。翌年に西谷地区から武田尾駅までを結ぶ道路が開通して、西谷地区から福知山線の利用が便利になった。1960（昭和35）年に阪急バスに買収され、1997（平成9）年に阪急田園バスと改称した。同社は2019（令和元）年の合併により阪急バスと名称を改め、2024（同6）年現在はJR武田尾駅と西谷の森公園や西谷夢プラザ、宝塚自然の家などを結んでいる。

　宝塚市内の阪神バスは、宝塚と阪神甲子園駅・尼崎駅・杭瀬駅などを結ぶ路線で、県道尼宝線が主要ルートである。1932（昭和7）年の開業当初は「阪国バス」（73ページを参照）と呼ばれたが、1958（同33）年に阪神乗合自動車（阪神タクシー）と統合して阪神電鉄バスとなり、後に阪神バスと改称した。

道路ネットワーク

　尼宝線は、県道42号尼崎宝塚線の一般名称で、1932（昭和7）年に開通した。阪神電鉄が計画した「宝塚尼崎電気鉄道」の線路用地を転用してつくった道路で、全長約10km。当初は一般自動車から通行料金を徴収しており、関西初の自動車専用有料道路であった。電車軌道として設計されたため、まっすぐで見通し

がよい。尼崎市の起点は西大島で、元は宝塚駅前までが県道尼宝線であったが、国道176号バイパスの完成により宝塚市内の小浜交差点でこれに合流している。

　宝塚南部の東西幹線となっている国道176号は、通称「いなろく」。京都府宮津市を起点に、福知山市・篠山市・三田市・宝塚市を経由して大阪市北区の梅田新道交差点に至る。大阪を中心に広がる放射線状道路の一つとして計画され、「産業道路」と呼ばれた。宝塚市内の176号は、当初は阪急宝塚線とJR宝塚線の間を走っていたが、交通量の増加に伴い、1969（昭和44）年にバイパス工事が実施された。宝塚大劇場前の交差点から川西市の猪名川大橋までバイパスが完成し、宝塚市内には国道176号が2本ある。

　宝塚北部の西谷地区と宝塚駅前を結ぶ県道33号塩瀬宝塚線は、宝塚駅前から鳥脇の間を特に「十万道路」と呼ぶ。これは、平安時代末に源義経が一ノ谷へと向かう途中、十万の兵を引き連れて通ったという伝説の「十万辻」に由来する。道路整備が始まったのは1958（同33）年で、自衛隊の協力を得て6年後に完成した。2001（平成13）年には中山五月台方面に抜ける長尾山トンネルが開通し、西谷地区へのアクセスがさらに便利になった。

　大阪で万国博覧会が開催された1970（昭和45）年、中国自動車道の豊中－宝塚間が完成し、宝塚から吹田の万博会場まで、わずか15分で結ばれた。国道176号のバイパス建設と同時期に工事が進められ、安倉の宝塚インターチェンジは中国自動車道と176号の結節点となった。

　中国自動車道の宝塚インターチェンジ付近は、年末年始やお盆の帰省時期になるとテレビなどで渋滞情報が報道される。渋滞の原因の第一は、宝塚東・西トンネルの入り口付近でスピードが落ちて発生する自然渋滞。また、東方面では名神高速道路、西方面では山陽自動車道や舞鶴自動車道とつながっているため交通量が多い。

　2018（平成30）年、新名神高速道路の川西IC（インターチェンジ）と神戸JCT（ジャンクション）の間約17kmの工事が完了し、高槻JCT・ICから神戸JCTまでが全線開通した。川西ICと神戸JCTの間には宝塚北SIC（**スマートインターチェンジ**[*8]）と宝塚北SA（サービスエリア）が設けられた。この

[*8] **スマートインターチェンジ**　ETC専用のインターチェンジで、ETC車載器とETCカードをセットした車両のみが利用できる。

新名神高速道路の開通によって、特に市北部の西谷地区から高速道路へのアクセスが便利になった。また、宝塚北SAにはウエルカムゲートが設けられ、一般道からも入れるようになっている。宝塚北SAの建物は「花のみち」周辺の南欧風デザイン

宝塚北SA

で、街灯やパティオ、内装のあちらこちらにも宝塚らしさが感じられる。施設内にはフードコートや宝塚のお土産のショップ、手塚治虫キャラクターグッズが買える「tezuka pockets」などが並ぶ。オープン初年の2018（平成30）年度には宝塚北SAの利用者数が311万人に上り、兵庫県内の観光施設としては甲子園球場に次ぐ2位となった。

ものづくり技術

園芸のまち

　宝塚市の山本から南の丸橋、口谷を合わせた長尾地区は、平安期から鎌倉期に始まったと伝わる園芸の産地である。長尾山地から伊丹台地へと続く丘陵地の地形や地質、気候が園芸栽培に適していたこと、消費地である大阪や京都に比較的近いことなどから、この地で古くから生産が行われていたのであろう。江戸時代に書かれた『摂陽群談』（1701年）には、山本から「大坂天満ノ市店ニ荷出」という記載がみられ、園芸産業の発展がうかがえる。

　長尾地区の園芸を代表する品種に牡丹（ぼたん）がある。江戸時代から盛んに栽培され、須賀川（すかがわ）（福島県）や大根島（島根県）など、各地の牡丹産地に苗木を出荷してきた。記録によると、須賀川の薬種商であった伊藤忠兵衛祐倫（ゆうりん）が、1766（明和3）年に山本村（現・宝塚市）の牡丹の苗木を買い求めたのが、須賀川の牡丹生産の始まりだという。

　明治維新後、長尾地区の園芸は近代化と地域産業振興によって大きく発

展していった。牡丹栽培においては、各地の寺院から優良苗の導入に努める一方で、清国から多様な品種を輸入して増産体制をとった。1897（明治30）年に阪鶴鉄道（現・JR福知山線）の池田－宝塚間が開通すると、植木は鉄道輸送で販路を拡大した。さらには海外での需要を掘り起こそうと、1900（同33）年に開催されたパリ万博では山本村の牡丹50種250株を出展して好評を博した。これを契機に、山本村では牡丹の輸出に乗り出し、その取り扱いは年間5万株にも及んだ。

　国内でも、大阪の天王寺今宮で開催された第5回内国勧業博覧会（1903年）の際、牡丹生産者の有志が山本村に牡丹縦覧場（展示即売場）をつくり、牡丹の大花壇・食堂・休憩所などを整備。阪鶴鉄道の池田駅（現・JR川西池田駅）と中山駅（現・JR中山寺駅）の中間に「花園」という臨時停車場を設けて博覧会の来場者を誘致したところ、非常に多くの人でにぎわったという。このころには牡丹の花見観光も盛んになり、1910（同43）年に開業した箕面有馬電気軌道（現・阪急電鉄）は山本の牡丹で盛んに来遊を誘った。

　牡丹生産が活況を呈す一方で、ツツジやサツキ、ツバキなどの庭木、ブドウやネーブル・オレンジ、モモ、温州ミカンなどの果樹、ユーカリやバラ、ランなどの西洋花卉も積極的に取り入れ、栽培技術の向上に努めた。

　大正期から昭和初期にかけて、阪神間では郊外の住宅開発が進んで庭園への関心が高まり、園芸ブームが起こって需要が大きく伸びた。長尾地区では園芸を専業とする生産者が増え、1921（大正10）年には川辺郡園芸組合が組織された。昭和初期、同組合は長尾村・小浜村・伊丹町・川西町・稲野村の5町村からなり、組合員数745人、年産量は鑑賞樹500万本、果樹苗木400万本、山林用苗200万本と全国屈指の産地に成長。この生産の7割を長尾村が占めていた。

　戦時体制によって園芸産業は一時的に減少するが、戦後は徐々に復興を遂げ、1963（昭和38）年に宝塚市花卉園芸協会主催の「植木祭り」が開催された。1971（同46）年に始まった「宝塚植木まつり」は、現在では山本新池公園を会場に毎年4月と10月に開催されている。このような長尾地区一帯の園芸振興施設として、2000（平成12）年、阪急山本駅近くに「あい

あいあいパーク　写真提供：宝塚市

「あいパーク」がオープンした。植木の展示即売所や花と緑の相談所、飲食店などが整備され、「園芸のまち宝塚」の拠点となっている。

2001（平成13）年には、西谷地区の長谷（ながたに）に市立長谷牡丹園が開園した。福島県の須賀川や奈良県の長谷（はせ）寺、島根県の大根島など宝塚とゆかりのある地域からの株を集めて構成しており、宝塚の牡丹の歴史と広がりを実感することができる。

なお、阪急山本駅北西の山本園芸流通センターでは、1993（同5）年に福島県の須賀川から里帰りした牡丹を保存・育成している。

長谷牡丹園　写真提供：宝塚市

木接太夫・坂上頼泰

清和源氏の祖・源満仲（みなもとのみつなか）の御家人であった坂上頼次（さかのうえよりつぐ）は、満仲が一族とともに多田（北摂一帯）へ本拠地を移した際に、山本郷に定住したと伝えられている。

それから約600年後の戦国時代、頼次の子孫の坂上頼泰（よりやす）は、豊臣秀吉の朝鮮遠征にも従軍した武将であった。園芸技術にもすぐれ、隠居後は山本で園芸に励んだ。研究熱心な頼泰は、丈夫な台木に良質な花木を接ぐ「接ぎ木」の技法を発明した。この技術により、果樹の結実を早め、しかも良質の実を多く結ばせることが可能となった。これを聞いた秀吉は頼泰を誉めたたえ、「木接太夫（きつぎだゆう）」の称号を与えたという。

木接太夫彰徳碑

明治時代末に園芸生産が盛んになった長尾地区では、園芸産業に多大な貢献をした木接太夫を顕彰しようと**彰徳碑**[*9]の建設を計画し、1912（大正元）年に竣工した。現在、「木接太夫彰徳碑」は阪急山本駅西側に移設され、宝塚の園芸の歴史を物語るシンボルとなっている。また、2017（平成29）年には園芸発展に大きく寄与したことを称え、木接太夫に宝塚市特別名誉市民の称号が贈られた。

KITSUGI DAYU
木接太夫ロゴ
画像提供：宝塚市

ダリアの球根栽培

　宝塚北部の上佐曽利地区は、ダリア球根の生産で日本有数の出荷量を誇る。

　上佐曽利でダリア球根の生産が始まったのは、1930（昭和5）年のことである。厳しい農業不況の中、商品作物の生産を検討していた地区の有志が、涼しい気候に適しているダリアを有馬郡有野町（現・神戸市北区有野町）から導入。ダリア栽培は順調に進展し、数年後にはアイリス・チューリップ・イワトユリ・グラジオラスなどの切り花も出荷できるまでになった。1935（同10）年には、集落の54戸がダリア栽培に関わるようになり、佐曽利園芸組合が結成された。

ダリア花まつり
写真提供：宝塚市

　太平洋戦争中は全国的に花卉栽培が停止したが、上佐曽利は例外であった。ダリアの球根に含まれる成分が、航空兵の栄養剤に適していたことから、生産が奨励されたからである。戦後復興期には、栽培技術者の**鬼頭常太郎**[*10]が佐曽利に移り住んで新品種の開発を手掛けるとともに、園芸農家の技術指導に尽力。1950（同25）年にはアメリカやカナダへの輸出向け球根生産に転換し、最盛期

上佐曽利地区の花卉園芸の頌徳碑

＊9 　**彰徳碑** 　人の善行や徳行を広く知らせる碑。
＊10 　**鬼頭常太郎** 　上佐曽利公民館の敷地内には、鬼頭の貢献に感謝する頌徳碑が立っている。

の昭和40年代前半には300万球を生産した。1971（昭和46）年のドルショック以後は国内市場への出荷を主軸とし、多品種生産に取り組んでいる。

ダリアの開花期には、上佐曽利地区に花つみ園がオープンするほか、10月に「ダリア花まつり」が開催される。赤・ピンク・オレンジ・黄色・白・紫など花色が豊富で、花の形もバラエティに富んだダリアは華麗で優美な印象。宝塚市のイメージにふさわしいとして、2021（令和3）年には2つ目の宝塚市花に選定された。

宝塚グルメの源泉

宅地化・都市化が著しい宝塚は、農業のイメージは希薄になりつつあるが、前述した長尾地区の園芸や上佐曽利地区のダリア栽培のほかにも、地域ごとに特色ある農業が育まれてきた。

武庫川右岸の良元地区（旧・良元村）は、江戸時代から六甲山麓の丘陵地で茶を栽培しており、明治時代に柑橘類の栽培も試みられている。1900（明治33）年、良元村の有力者である平塚嘉右衛門・木本仙太郎・田中亀太郎らが和歌山の産地を訪れて栽培法を調査。小林の傾斜地を開墾し、ワシントン・ネーブル3,750本のほか、柑橘類15種75本を取り寄せて植えた。この果樹園は「清香園」と名付けられた。このほか、良元地区には晴耕園・愛果園・甘香園・豊果園・幸農園などの果樹園が次々に誕生したが、大正末期を最盛期として昭和初期には急速に減退した。

現在も地名を残す宝梅園は、1903（同36）年に西宮の実業家・八馬兼介が武庫川右岸の傾斜地を買い求め、温州ミカン、ワシントン・ネーブル、リンゴ、モモ、ウメなどを栽培して経営した果樹園である。昭和初期には阪神間随一の観梅の名所としても知られるようになり、早春にはウメの花見客でにぎわった。

明治末から西宮の鳴尾村や甲東村でイチゴ栽培が始まったのに続き、宝塚では大正末から昭和40年代まで、川面・小浜・安倉・小林・伊孑志な

イチゴ栽培（昭和30年代）　写真提供：宝塚市

どで農家の副業としてイチゴ栽培が盛んに行われた。1924（大正13）年には、宝塚少女歌劇の観劇とイチゴ狩りをセットで観光誘致する新聞広告も登場している。

　1934（昭和9）年の小浜村のイチゴの作付面積は23町で、良元村の18町と合わせると、宝塚市域は県内シェアの10％を占めていた。また、1936（同11）年の統計によると兵庫県のイチゴの作付面積は430haで、全国一のイチゴ生産県であった。最盛期には宝塚にも加工場や缶詰工場がつくられたが、宅地化によりイチゴ畑はほぼ姿を消した。

　一方で、現在も宝塚では豊かな農業風景が見られる。都市近郊にありながら、市北部の西谷地区を中心に市内には約410haの農地があり、市面積の約4％が田畑として活用されている（2020年現在）。

　北摂山地の山々に囲まれた西谷地区は、山間小盆地を形成しており、昼夜の気温差が大きい。この地形と気候特性を活かして、コシヒカリを中心とした銘柄米が栽培されている。西谷産コシヒカリはふっくらとして味がいいと評判だ。特産品のクリは近隣の川西市や猪名川町とともに「北摂栗」として出荷されている。粒が大きく独特の甘味が自慢の黒大豆枝豆は、10月の数週間しか味わえない秋の味覚である。ブランド野菜の「宝塚ねぎ」は、11月下旬～3月上旬の厳寒期に店頭に並ぶ。鍋料理にはもちろん、とろりとした独特の食感と旨味は天ぷらにもおすすめで、葉の部分までおいしく味わえる。

　宝塚産の新鮮野菜は、市内のデパートやスーパーマーケットで販売されている。2005（平成17）年にオープンした西谷ふれあい夢プラザ内の農業振興施設「西谷夢市場」は、地元の新鮮な農産物や加工品の販売が好評だ。市立文化芸術センターで毎月開催している「たからの市」でも西谷産の野菜や米、果物、切花が販売されている。このほか、神戸・大阪の都市部に近いことから観光農園も盛んで、芋掘り・栗拾い・シイタケ狩りなどが楽しめる。

西谷夢市場　写真提供：宝塚市

明治時代、食の西洋化によって宝塚でも酪農が行われるようになった。市内の丘陵地などを利用して牛を飼い、牛乳を搾って出荷した。現在も西谷地区には牧場があり、宝塚産の牛乳が出荷されている。生産者のひとつの山口牧場は、市内で乳牛の飼育から加工まで行っているのが特徴で、牛にストレスを与えない飼育環境づくりとして、牛舎にクラシック音楽（モーツァルト）を流している。山口牧場が出荷している「たからづか牛乳」は、生乳を低温殺菌（63℃で30分）して瓶詰めした無添加・無調整の牛乳である。ふたを開けるとトロリとしたクリーム層が浮かんでいて、その味は濃厚なコクとやさしい甘さが際立つ。ヨーグルトやプリンなどの加工食品は直売店で買える。

　2016（平成28）年、新たな宝塚ブランドとして開発された純米大吟醸「乙女の舞」が発売された。これは、宝塚市西谷地区産の酒米「山田錦」を使用し、伊丹の蔵元の小西酒造が醸造した宝塚の銘酒で、芳醇な香りと繊細な味わいが特徴の辛口酒である。

宝塚で生まれた宝交早生

　大正から昭和期にかけてイチゴ産地であった宝塚は、イチゴ品種の発信地でもあった。かつて日本全国で生産されていたイチゴの品種「宝交早生」は、宝塚で誕生したものである。1987（昭和62）年まで小林にあった兵庫県立農業試験場宝塚分場で品種改良されたもので、宝塚で交配した早生種であったことから宝交早生の名がついた。

　宝交早生の育成が始まったのは、1954（同29）年。当時、イチゴ栽培農家の悩みの種であった根腐病やうどん粉病に強い早生種の育成が求められていた。何種類もの親品種の交配を繰り返し、最終的に「八雲」と「タホー」の組み合わせで生まれたのが宝交早生である。1959（同34）年に圃場で試作し、翌年には宝交早生と命名。**作型**[*11]の対応性が広く、病気に強いことから、育てやすいイチゴとして全国各地に普及した。果実が柔らかく味と香りにも優れ、1984（同59）年には全国のイチゴ栽培面積の55％を占め、

---

*11　**作型**　促成栽培や抑制栽培など、自然条件とは異なる季節や地域で栽培を行うための技術体系のこと。

シェア日本一となった。

現在はさらに品種改良が進み、宝交早生は「とよのか」「さちのか」の育成親として、その特性が受け継がれている。

工業化とものづくり企業

宝塚市の工業化は阪神工業地帯の一部として、武庫川右岸地域で進んだ。1938（昭和13）年に設立された昭和ベアリング製造は、翌年の合併により東洋ベアリング武庫川工場と改称した。太平洋戦争中は陸海軍共同管理下に置かれ、戦後は米軍に接収された。戦後復興と高度経済成長のもとで出荷額を伸ばし、宝塚市内最大の工業事業所となった。1989（平成元）年に社名をNTNに改め、工場はNTN宝塚製作所となったが、2009（同21）年に生産を停止して閉鎖された。広大な敷地は再開発されることとなり、全体8.9haのうち市役所に接する西側の4haは宝塚市が取得して再開発を行った。2023（令和5）年には第二庁舎が完成し、上下水道局・総合防災課・情報政策課・たからっ子総合相談センター「あのね」などが配置された。また、本庁舎と第二庁舎の間と河川側に緑地のあるひろばが整備された。

2019（平成31）年には市役所東側に兵庫県の阪神健康交流センターが完成し、県阪神シニアカレッジと県宝塚健康福祉事務所が開所した。なお、市役所を含むこの一帯の地名である「東洋町」は、東洋ベアリングの社名に由来する。

1920（大正9）年に創業した川西機械製作所飛行機部（のちの川西航空機）は、1941（昭和16）年に宝塚の良元村の新工場でも操業を始めた。軍需工場であったことから太平洋戦争中に大規模空襲を受けて多くの犠牲者を出し、工場設備も壊滅状態となった。戦後は航空機の製造が禁止されたため、1949（同24）年に新明和興業として再出発した。1960（同35）年に新明和工業に社名変更し、培ってきたものづくり技術を応用して、新分野の技術開発に取り組んできた。同社の事業は、現在主に5分野に集約される。航空機（水陸両用の飛行艇や航空機部品）・特装車（ゴミ収集車やダンプトラックなど）・流体（水中ポンプなどの水処理機器）・産機システム（産業機械や環境システム）・パーキングシステム（機械式駐車設備）で、私たちの社

会を下支えする製品やサービスを提供している。また、宝塚分工場の所在地である「新明和町」は同社の社名に由来する。

　金井重要工業の前身は、紡績機の部品製造会社として1894（明治27）年に尼崎に設立された金井トラベラー製造所である。1943（昭和18）年に組織変更が行われ、金井重要工業が設立された。同社は、1952（同27）年に宝塚の安倉に工場を新設し、不織布の製造をスタートさせた。不織布とは、繊維を絡み合わせたり、熱や接着剤で繊維を結合させたりして加工したシート状の素材で、1920年代にドイツで工業化が始まった。現在は空調用エアフィルターや自動車用エアフィルター、自動車の内装材、キッチンのナイロンタワシなどさまざまな分野で使われている。同社の不織布製造所の所在地である「金井町」は同社の社名に由来する。

　ハイレックスコーポレーション（ハイレックス）は、戦後間もない1946（同21）年に宝塚で創業した。当初は小規模な部品メーカーであったが、1950年代にケーブルのビニールコーティング技術を自社開発。この製品がHONDAのオートバイに採用されたことで業績を大きく伸ばし、1952（同27）年にはトヨタ自動車との取引が始まって四輪車市場へも参入した。日本の自動車産業が躍進した高度経済成長期に各メーカーへ部品供給し、1970年代には海外進出をスタートさせた。現在では南北アメリカ、ヨーロッパ、アジアなど、16か国の海外生産拠点を有し、2018（平成30）年現在の売上高の約80%が海外営業というグローバル企業である。主力製品は自動車用のコントロールケーブルで、パーキングブレーキ、シフトチェンジや各種オープナー、ロック解除等の遠隔操作などに使用されている。

　音響機器メーカーのTOAは、1934（昭和9）年に神戸市で創業した。トランペットスピーカーやマイクロホンの製造を主体に事業を拡大し、太平洋戦争後には電気メガホンやアンプなどの音響機器を次々と自社開発して市場に送り出した。宝塚事業場を開設したのは1962（同37）年で、主要な製造工場として長らく活躍したが、企業規模や生産規模の拡大に伴って研究開発拠点となった。無響室（反響音をゼロに近づけた部屋）を備え、商品開発はもちろん、音の基礎研究、情報伝達システム開発などを行う研究開発の中枢となっている。TOAの強みは、ホテルや大学、ホール、デパー

ト、ショッピングモール、空港、鉄道車両などの施設・公共空間の放送設備機器・システムで、国内はもとより海外でも広く採用されている。2018(平成30)年には宝塚市の行政防災無線「すみれ防災スピーカー」第1号がゆずり葉台に設置され、運用が始まった。

宝塚には希少な技術を有するオンリーワン企業も少なくない。

栄レースは、現在日本で唯一のリバーレース製造企業である。リバーレースは柄表現の豊かさや繊細さ、立体感、ソフトな肌ざわりが特長で、最高級レースに格付けされる。組紐の原理を応用して糸を撚り合わせる複雑な工程のため、微妙な機械調整を行う熟練の職人技術が必要不可欠とされる。近年は欧州の高級ブランドからの引き合いが増えており、デザイン開発に力を注いでいる。

逆瀬川に工房をもつ時田は、競走馬用の馬具専門メーカーである。1928（昭和3）年に鳴尾競馬場（西宮市）の近くで創業。1943（同18）年に競馬場が逆瀬川（千種）へ一時移転した際に、時田も逆瀬川に工房を移した。鞍や手綱、腹帯など、多彩な馬具を制作して創業100年を超えた。

理容・美容業界では「憧れのヘアカットはさみ」メーカーとして知られるナルトシザーがある。宝塚で誕生して半世紀を超える。理容・美容師の手や腕への負荷を考慮したハサミは、使い勝手の良さと切れ味に定評があり、ユーザーの手や使い方に応じてカスタマイズしている。丹念な研ぎと調整を加え、何度もメンテナンスに出して愛用するユーザーが少なくない。

宝塚大劇場内に工房を構える宝塚舞台は、歌劇の大道具・背景・小道具・衣裳・照明・電飾・音響などの舞台製作・運営を担う技術者集団である。同社の創業は宝塚少女歌劇の創設（1914年）と同一であるが、1998（平成10）年に宝塚歌劇の舞台製作部門から独立して会社組織となった。ダンスの激しい動きにフィットするジャケット、足のラインをきれいに見せるパンツなどの舞台衣裳をはじめ、110年の歴史に裏打ちされた独自の技術の結晶が宝塚歌劇の舞台である。

教育・スポーツ

学校教育の歩み

宝塚第一小学校 写真提供：宝塚市立中央図書館

1872（明治5）年に学制が公布され、義務教育制度が始まった。これを受けて宝塚市域では、1873（同6）年から1876（同9）年の間に小林・川面・蔵人・安倉・米谷・中筋・山本・小浜・上佐曽利・大原野・波豆・長谷・北畑・波豆川の各村に小学校が開校した。間もなく、学校運営の効率化や経費削減のため学校統合が行われた。市立中学校ができたのは太平洋戦争後の1947（昭和22）年で、4校の新制中学が開校した。また、1949（同24）年に市立幼稚園2園も誕生した。

公立高等学校の設立は長らく宝塚市民の念願で、県立高校誘致運動などの努力により、1963（同38）年に県立宝塚高等学校が新設された。続いて、県立宝塚東高等学校（1974年）、県立宝塚西高等学校（1977年）、県立宝塚北高等学校（1985年）が開校。県立宝塚北高等学校は、公立では全国初の演劇科を設置したことでも知られ、俳優やアナウンサーなども輩出している。なお、県立尼崎高等学校の定時制課程の良元分校は、1949（同24）年に開校し、2001（平成13）年に所属が変更されて県立川西高等学校（定時制）宝塚良元校となったが、県立川西高等学校の閉校に伴い、2015（同27）年3月末に閉校となった。

2024（令和6）年現在、宝塚市立の幼稚園と認定こども園は合計8園、小学校は23校、中学校は12校で、特別支援学校が1校である。

私学では、1926（大正15）年に小林に移転してきた小林聖心女子学院が最初である。現在は小学校から高校までの12年間一貫教育で、1949（昭和24）年から1966（同41）年までは聖心女子大学小林分校もあった。雲雀丘

学園は、1949（昭和24）年に西谷村立西谷小学校雲雀丘分校として開校。翌年にはサントリー創業者の鳥井信治郎を初代理事長に、学校法人雲雀丘学園が設立され、私立の小学校として再び開校した。現在は、幼稚園２園・小学校・中学校・高等学校を備えた男女共学校となっている。2008（平成20）年には関西学院初等部が男女共学校として、宝塚ファミリーランドの跡地に開校した。

市内の大学は３校ある。甲子園大学は栄養学部（栄養学科・食創造学科）・心理学部（現代応用心理学科）の２学部と総合教育研究機構を擁し、栄養学研究科と心理学研究科の大学院を設けている。宝塚医療大学は、保健医療学部（理学療法学科・柔道整復学科・鍼灸学科・口腔保健学科）により、理学療法士・柔道整復師・鍼灸師・歯科衛生士を養成する大学である。宝塚キャンパスのほか、和歌山・大阪中津・宮古島・尼崎にもキャンパスを置いている。1987（昭和62）年に開学した宝塚造形芸術大学は、2010（平成22）年に宝塚大学と改称。現在は大阪梅田・東京新宿にもキャンパスを開校し、宝塚南口にもサテライトキャンパスを有して、社会人向け講座「宝塚ウェルネスアカデミー」を開講している。

宝塚市立看護専門学校は隣接する市立病院や有馬病院、訪問看護ステーションなどを実習施設とし、看護の専門職育成をめざす。

近代スポーツの普及

1922（大正11）年、宝塚新温泉の隣にスポーツ施設「宝塚運動場」（現・関西学院初等部の校地）が誕生した。当初は「宝塚野球場」と呼ばれ、総面積１万坪の広大な敷地に３万人を収容する野球グラウンドがつくられたほか、テニスコートや小

宝塚運動場　写真提供：宝塚市立中央図書館

運動場があった。整備したのは阪急電鉄で、新温泉や歌劇場、ルナパークも含めた一大郊外リゾート構想によるものであった。

　1924（大正13）年には、この野球場を本拠地とするプロ球団が発足した。同年に解散した日本運動協会を引き継いだもので、「宝塚運動協会」と名付けられた。協会チームは、大陸遠征や定期戦を行ったほか、関西に本拠を置く大毎野球団（大阪毎日新聞）、関西ダイヤモンド倶楽部、スター倶楽部などと関西四球団連盟を結成。1929（昭和4）年に解散するまで、宝塚を本拠地に活動した。

　1932（同7）年、新温泉内に宝塚プールが竣工した。東洋初の照明設備を備えた公認50mプールで、スタンド収容人数は5,000人であった。同年に開催されたロサンゼルスオリンピックの出場選手の壮行大会や、全日本女子水上競技大会などもここで開催された。太平洋戦争後の1946（同21）年に開催された第1回国民体育大会では水泳会場となり、公認競技や水泳教室開催などでにぎわったが、1958（同33）年に解体された。

　現在、宝塚市におけるスポーツの拠点は小浜の市立スポーツセンターで、総合体育館・武道館・屋内プール・トレーニング室・野球場・多目的グラウンド・テニスコート・屋外プールが整っている。また、敷地外には高司グラウンド、売布北グラウンドと末広体育館がある。このほか、花屋敷荘園には人工芝の花屋敷グラウンドがある。

　「宝塚アトム体操」は、市民の健康維持・増進を図る独自の体操として開発され、2009（平成21）年に初披露された。これは手塚治虫のアニメ「鉄腕アトム」の主題歌に合わせて、深呼吸や腕を大きく旋回させるなどの運動を組み合わせたもの。立っても座っても行える体操で、幼児から高齢者まで楽しみながら無理なく身体を動かすことができると好評だ。

国民体育大会の開催

　宝塚はこれまで3回、国民体育大会の競技会場となっている。1946（昭和21）年に開催された第1回大会は、戦災を免れた京都を中心に関西エリアが会場となり、宝塚では宝塚プールで夏季大会の水泳競技と、宝塚音楽学校校舎（現・宝塚文化創造館）で秋季大会の卓球競技が行われた。

1956（昭和31）年、兵庫県が開催地となった第11回大会。宝塚市では、宝塚競馬場（現・JRA阪神競馬場）で馬術競技、宝塚新温泉の特設リングでボクシング競技、大和銀行厚生園（旧・大和銀行宝塚運動場）で射撃競技が行われた。

第11回国民体育大会（市役所前・1956年）
写真提供：宝塚市

2006（平成18）年の第61回「のじぎく兵庫国体」は、阪神・淡路大震災で各地から寄せられた支援に対する感謝の心と、復興する被災地の元気な姿を全国にアピールして大きな成果を上げた。宝塚市では市立総合体育館でバドミントン競技、大宝塚ゴルフ場と宝塚ゴルフ倶楽部でゴルフ競技が行われた。

多彩なハイキング道

北摂山地（長尾山地）と六甲山地に隣接する宝塚市には、ハイカーたちによく知られたコースがある。

阪急中山観音駅から巡礼道（西国三十三所巡りコース）を通って売布神社、清荒神清澄寺へと至るコースは、上り下りがゆるやかで初心者も歩きやすい。中山寺から足洗川の谷筋をたどると、中山寺奥の院、さらには中山（標高478m）の山頂展望所を経て切畑方面へと道が続いていく。この道は西谷地区から猪名川町の多田銀銅山へと向かう近畿自然歩道の一部である。中山寺奥の院へは、清荒神清澄寺の参道から入るコースが2つある。いずれも中山寺奥の院で合流する。

六甲山地の近畿自然歩道は、六甲全山縦走路の一部である。六甲全山縦走路は、神戸市須磨区の鉢伏山から宝塚まで続く尾根伝いのハイキング道で、その全距離は公称56km。ただし、いくつもの峰を上り下りするため、登りだけでも高度差の合計は約3,000mに及ぶ。「六甲登山の最難関」といわれる過酷なコースで、宝塚市域は大谷乗越から岩原山・譲葉山・岩倉山・

塩尾寺(えんぺいじ)を経由して紅葉ヶ丘を湯本町に向かって下る。KOBE六甲全山縦走・半縦走大会は、このコースを1日がかりで歩き通すイベントで、毎年11月に開催される。1975（昭和50）年に第1回が開催され、現在は登山団体などによる六甲全山縦走市民の会と神戸市が共催している。近年は全国的な知名度があり、各地から参加者が集まる。

第3章

宝塚の歴史

旧東家住宅（宝塚自然の家）

瑞花双鳳八稜鏡（複製）
写真提供：宝塚市教育委員会

中山荘園古墳
写真提供：宝塚市教育委員会

「すぐ中山寺道」の道標（中筋山手）

小浜宿

「タンサン・ホテルから」田辺眞人蔵

宝塚で最も早期の風景画。画面左下のサインは「C.E.S.TINDALL 1903 Takaradzuka Tansan」とある。ティンデール（1863年英国生まれ、1951年シドニー没）は、『オーストラリア美術百科事典』（1977年刊）によると、英国からオーストラリアに移り、1920年代から王立ニューサウスウェールズ美術協会会員やオーストラリア水彩画学院の創設メンバーとして活動しているから、英国から移住の途中に宝塚を訪ねたと考えられる。この絵は、1970年から80年まで新日鉄のシドニー駐在員だった牧野進氏が1979年にシドニーで発見、入手した

歴史を訪ねる

縄文・弥生時代の遺物

　宝塚市域で最も古い考古学的遺物は、仁川旭ガ丘と香合新田で発見された有茎尖頭器である。いずれも縄文時代草創期に属する遺物で、投げ槍の先端部に付けて狩猟に用いられた石器である。また、安倉南三丁目から出土したサヌカイト製の石鏃は、矢の先端に付けられた石器で、縄文中期のものだと推定されている。安倉遺跡では、縄文晩期の土器片やサヌカイト片も出土しているが、縄文時代の様子はまだよくわからない。

　弥生時代の人々は市域の平野部で生活していたであろうが、稲作や住居の様子を示す遺跡や遺物はまだ確認されていない。武庫川が堆積させた土砂に埋まってしまったものだと考えられる。

　稲作による農耕集落が各地に成立した。『漢書』など、中国の史書が「数多くのクニに分かれている」と当時の日本の様子を伝えている。そのようなクニの支配者の力のシンボルとなったのが青銅器で、市内では中山荘園で2つの銅鐸（兵庫県指定重要有形文化財）が出土している。

　『後漢書』は、日本で2世紀後半に統一のための戦乱が起こったと記しているが、六甲山南麓から東麓にかけて分布している**高地性集落**[*1]は、この戦乱とかかわりがあると考えられている。宝塚でもこのような高地性集落と考えられる五ケ山遺跡で弥生時代中期から後期の土器、住居跡が見つかっている。売布神社の境内出土の銅鐸や旧清遺跡出土の弥生土器の存在なども、このような高地性集落の存在の可能性を考えさせる遺物である。

中山荘園出土の銅鐸
写真提供：宝塚市教育委員会

＊1　**高地性集落**　弥生時代中・後期の集落で、農耕に適さない山地の頂上や斜面、丘陵地に形成。六甲山南麓で複数カ所見つかっている。

多数の古墳群と窯跡

やがて農耕社会が発展して各地に大きな権力を持つ豪族が出現し、伝来した大陸文化が着実に根を下ろした。当時の権力者を埋葬するために、多くの古墳が築かれた。

宝塚市域では、大小さまざまな古墳が見つかっている。前期古墳としては、八州嶺古墳、長尾山古墳、万籟山古墳、安倉高塚古墳がある。

長尾山古墳復元図
大阪大学文学研究科考古学研究室『長尾山古墳第6次・第7次発掘調査概報』(2011年3月)より

長尾山古墳は丘陵地の尾根の先端部に位置し、墳丘からは市街地が一望できる。2007−08（平成19−20）年の発掘調査で葺石や埴輪が確認され、墳長約43mの前方後円墳であることがわかった。さらに、2010（同22）年の調査で、墓坑の内部に長さ6.7m、幅2.7m、高さ1m以上の粘土槨が発見された。粘土槨とは、木棺を粘土でくるんだ埋葬施設で、長尾山古墳の粘土槨は全国でも十指に入る巨大なものである。これだけ大きな粘土槨が、初期の形を保ったまま発見された例は極めて少ない。猪名川流域で最も早い時期（4世紀初頭）に築造された可能性が明らかとなり、ここに埋葬された人物とヤマトの政権のつながりが着目される。宝塚市は、2010（同22）年に長尾山古墳を市の史跡に指定した。

万籟山古墳は全長54m、後円部の直径37mの前方後円墳で、内部調査の結果、竪穴式石室から碧玉製の管玉、ガラス製小玉、鉄器片が発見された。安倉高塚古墳は直径十数mの円墳で、竪穴式石室を備え、**赤烏七年**[*2]の銘がある**神獣鏡**（兵庫県指定有形文化財）と内行花文鏡のほか、管玉・小玉・鉇などが出土している。

宝塚市内で中期古墳は見つかっていないが、後期古墳としては、六甲山地の東麓や長尾山地の南麓に、300基以上の古墳（6−7世紀）が築かれていた。しかし、住宅開発などで多くが破壊された。六甲山地の東麓では、宝梅園古墳・仁川旭ガ丘古墳群・五ケ山古墳群がある。仁川旭ガ丘古墳群

[*2] **赤烏七年**　赤烏は中国の「呉」の元号。赤烏七年は西暦244年に該当する。

の２号墳は調査の結果、直径約12mの円墳であることが確認され、須恵器・金環・鉄釘などが出土した。五ケ山古墳群は西宮市と宝塚市にまたがって４基あり、４号墳が緑地の中に保存されている。長尾山地の南麓に300基以上あった後期古墳のうち、約半数が現在も残っている。それらはほとんどが横穴式石室を持つ小型の円墳で、一定のエリアごとに集中して築かれ、須恵器・金環・馬具・陶棺片などが出土している。

　中山寺の境内にある白鳥塚古墳(はくちょうづか)は、全長15mの横穴式石室を備えた後期古墳で、地域の首長の墳墓だと考えられている。玄室に安置されている長さ1.8mの家型石棺は、播磨の加古川下流で採取した竜山石（宝殿石）で、遠方から運んできた石は埋葬者の権力を示すものと考えられる。中山寺の西方で発見された中山荘園古墳(なかやまそうえん)は、周囲に石をめぐらせた八角形をしており、終末期の重要な古墳である。これは、1999（平成11）年に国の史跡に指定され、史跡公園として整備されている。市北部の西谷地(にしたに)区でも、大原野西部古墳群(おおはらの)と呼ばれる２基の後期古墳が確認されている。

白鳥塚古墳　写真提供：宝塚市教育委員会

中山荘園古墳　写真提供：宝塚市教育委員会

　７－８世紀ごろに須恵器を焼いた窯跡(かまあと)が、市内で２カ所確認されている。平井の窯跡は、1914（大正３）年に笠井新也が発見し、翌年に考古学雑誌に報告した。これは日本人による最初の本格的な遺跡の考古学的調査報告である。窯の底部と窯壁片・焼け土・土器の破片などが観察されている。勅使川(ちょくしがわ)の窯跡は1966（昭和41）年に発掘調査が行われた。半地下式の登窯で、内部から坏(つき)・坏蓋・高坏・壺など多数の須恵器が出土した。この窯で焼かれた須恵器が、約４km離れた伊丹廃寺で発見されたことも注目される。

律令国家の成立へ

　古墳の分布は、農耕社会の発展や豪族による地域の支配を物語っている。クニと呼ばれた各地域は、豪族の力によって私的に支配されていた。古墳時代の後半にはヤマトから出た政権が、このような豪族に臣や連といった称号（姓）を与えて統一を進めていった。

　平安時代初期の『新撰姓氏録』に記録されている伊蘇志臣、若湯坐連、林史などは、伊孑志や売布神社、小林の地と関係する豪族とその長に与えられた姓だと考えられる。そのほか近隣では、為奈部氏・久々智氏・蔵人氏などの豪族がいたようである。

　国土統一のころ、この地域では猪名川流域が「猪名県」、武庫川流域は「武庫（牟古・六児・務古などとも記された）国」と呼ばれていたようである。

　隋や唐の律令制の影響で、西暦600年ごろには日本でも公的な法（律令）による中央集権的な体制づくりが始まった。乙巳の変以降の大化の改新によって成立した律令制のもとで、全国は国、その下が郡、郡内はさらに里に分けられ、地方制度が確立された。宝塚市域を含む一帯は摂津国に属した。摂津国内には13の郡が置かれたが、前述の猪名県の地域には川辺郡、武庫国の一帯には武庫郡が置かれた。国の役所の所在地は国府（コウとも読む）、郡役所の所在地は郡家（コウゲとも読む）と呼ばれた。宝塚市の市境に近い伊丹の鴻池の地名は、摂津の国府（コウ）あるいは川辺郡の郡家（コウゲ）にまつわる池で「コウの池」に由来するのかもしれない。

　律令国家では、公地公民の原則のもとで班田収授を実施し、租庸調の税制を実施した。班田収授のための条里制の土地区画を行ったが、宝塚市域では、武庫郡北部の条里、川辺郡北部の条里制地割の名残が確認されている。しかし、奈良時代になると墾田永年私財法が制定され、初期荘園が誕生して公地公民は次第に衰退し、平安時代中期には各地に荘園制が進展していった。

山岳仏教の発展

　538年に公的に伝来した仏教は、律令国家と結びついて国の発展や安定

を祈り、留学僧は政府に大陸の進んだ知識や技術などの情報をもたらした。その結果、奈良時代には都や国府(こくふ)などに壮大な寺院が建立された一方で、仏教は政治と癒着していった。この状況を打開すべく、794（延暦13）年に平安遷都(せんと)が行われ、仏教界にも改革の動きが始まった。都会から出て清浄な山に入り、修行に打ち込む僧が増えていく。その代表が空海や最澄などで、高野山や比叡山など険しい山の中に寺院を開いた。

　ところで、仏教伝来以前から深い山に入って修行し、山の霊気と一体化して不思議な力を身につけようという山岳信仰があり、その行者がいた。平安時代初期に都から出て山に入っていった仏僧とこのような行者の信仰とが結びついて、山岳寺院や修験道が出現する。断層によって形成された六甲山地や長尾山地では、川は断層面で滝となり、地中の巨岩が露出して山岳信仰の修行場となっていたであろう。平安時代初期以降、そのような行場に建立された寺院として、宝塚では長尾山系の清荒神清澄寺(きよしこうじんせいちょうじ)や中山寺、六甲山系の平林寺(へいりんじ)や塩尾寺(えんぺいじ)が挙げられる。最明寺滝(さいみょうじたき)と川西市の満願寺、盤滝(ばんたき)と西宮市の神呪寺(かんのうじ)や鷲林寺(じゅうりんじ)なども、同様の起源をもつ名刹(めいさつ)である。

　売布きよしガ丘の旧清遺跡は平安時代の寺院跡で、清荒神清澄寺の旧寺地と伝えられる。発掘調査の結果、金堂・法華堂・常行堂などと考えられる遺構や軒丸瓦・銅銭・硯(すずり)などが出土し、ここに天台系の寺院があったと考えられている。

平林寺

荘園の広がり

　律令国家の動揺とともに公地公民制が崩れ、皇族や貴族、大きな社寺や各地の有力者は、荘園と呼ばれる私有地を手に入れた。やがて政府の弱体化などで、荘園が発展する。

　宝塚市域の荘園としては、京都東北院（平安時代以前）や松尾社（鎌倉時代）領の山本荘、新熊野社(いまくまの)（平安時代以前）や三鈷寺(さんこじ)（時代不明）や

勧修寺（鎌倉時代）領の小林荘、賀茂別雷社（平安時代以前）や多田院（室町時代以降）領の米谷荘、公家の近衛家や得宗家（いずれも鎌倉時代）領の多田荘が挙げられる。

　中でも多田荘は、平安時代前期に台頭した有力な武士団の清和源氏の拠点として発展した。清和天皇の孫で源氏初代の経基の子・源満仲は、970（天禄元）年ごろ、一族を率いて京都から多田盆地に移り、開発を進めた。この移住は住吉大神のお告げによると伝説される。多田荘は、現在の川西市・猪名川町の北部から宝塚市西谷地区を中心に、大阪府の池田市から能勢町の一部に及ぶ広大な領地で、近世に利用された多田銀銅山も、伝説によると満仲時代に採掘されたという。多田の地名は「多々良」に由来するとの説もある。多々良とは、古代に鉄を精錬した際に使った道具の「ふいご」をさす言葉で、転じて鉄を精製する炉や製鉄場も「たたら」と呼ぶようになった。この一帯には、古代から金属加工の技術を持った人々がいたのかもしれない。

　満仲の時代から多田荘の宗教的中心であった多田院は、満仲や長男・頼光の墓があるほか、その後の頼信・頼義・義家なども祀られ、源氏の精神的支えとなり、源氏一門の足利氏や徳川氏の政権下でも厚い信仰が寄せられた。しかし、多田院は戦国時代末期に荒木村重の乱などで破壊された。その後に再興し、江戸時代は四代家綱の社殿再建など、歴代将軍の庇護を受けて幕末まで繁栄した。川西市の飛び地として宝塚市域に囲まれている満願寺は、明治の神仏分離までは多田神社と一体になった信仰の場で、多田源氏ゆかりの寺である。

『平家物語』と清澄寺

　『平家物語』巻第六の「慈心房」には、宝塚の清澄寺が登場する。「慈心房」の物語を要約してみよう。

　　摂津国の清澄寺（宝塚の清澄寺）に、**慈心房尊恵**という僧がいた。尊恵は比叡山の学僧で、修行のために清澄寺にやってきた。この寺に来て何年も経つうちに、近在の人々はみな尊恵を信奉するようになった。

　　1172（承安2）年12月のある夜、尊恵が経を読んでいると、夢か現実

か判然としないが、1人の男が現れて閻魔王からの招待状を差し出した。閻魔は冥界（死後の世界）の王で、死者の善悪を裁くとされる。その閻魔王が冥界に10万人の僧を集めて法華経の法要を行うので、尊恵を招待するというのである。

　10万人の僧の法華経会が行われるという夜、尊恵は使者に従って冥界に赴き、閻魔王と対面して悟りの境地に至る法を授かった。感激した尊恵は、「平相国（清盛）と申す者が、摂津国の和田の岬を選び定めて十余町四方の土地に建物をつくり、多くの僧侶を集めて読経させ、お勤めをさせております」と語った。すると閻魔王は「その平相国はただの人ではない。本当は慈恵僧正（天台宗の中興の祖とされる平安時代中期の僧・良源を指す）の生まれ変わりである。天台の教えを守るために生まれ変わったのだ。私は1日3回、この清盛を礼賛して文を唱えている。この経文を持ち帰って彼に渡しなさい」といって経文を授けた。尊恵は経文を預かり、天空を駆ける車に乗ってこの世に帰ってきた。尊恵は死者の国から戻り、蘇生したのであった。

　後日、尊恵が閻魔王の経文を持って西八条にある屋敷を訪ねたところ、清盛は大層喜んで尊恵をもてなし、いろいろな贈り物をし、恩賞として律師（僧の官位）の位を与えた。

　このようなことがあり、清盛が実は、徳の高い慈恵僧正の生まれ変わりであることが知られるようになったのである。

『平家物語』では一般的に、平清盛は非情な悪人として描かれるが、興味深いことに、この「慈心房」においては徳の高い僧の生まれ変わりだと説いている。

　ところで、清澄寺には『冥途蘇生記』という室町時代に筆写された史料が伝わっている。この『冥途蘇生記』に書かれた物語は、先の『平家物語』の「慈心房」の内容とほぼ同じである。つまり、死後の世界（冥途）に行って、帰って（蘇生）きた僧の話である。しかし、なぜ『冥途蘇生記』と『平家物語』の一部とが同一なのか、その経緯は分かっていない。

　清澄寺の『冥途蘇生記』は2部に分かれている。うち1部は『平家物語』にも書かれている清盛に関するエピソードだが、もう1部は後編の形

をとって有馬の温泉寺にかかわる話が書かれている。これによると、尊恵は都合4回、閻魔王宮を訪れ、その4回目のときに箱に納めた法華経を持ち帰り、閻魔王のすすめに従って「閻魔王宮の東の門」にあたる有馬の温泉寺に埋めたとされる。

　古い記録によると、中世、有馬の温泉寺では湯治客に縁起三巻の絵巻物を有料で見せていた。その内容もまた、清澄寺の『冥途蘇生記』に近いものであった。宝塚の清澄寺と有馬の温泉寺に、なんらかの関係があったのだろう。温泉寺の本堂の前には2基の五輪塔が立っており、向かって左が平清盛の塔、右が慈心房尊恵の塔であると言い伝えられている。この五輪塔は鎌倉時代中－後期の作と推定されるから、2人の供養塔であろう。両塔は、神戸市の有形文化財に指定されている。

古代から中世の遺跡と遺物

　北米谷（現・中山寺3丁目）では、1931（昭和6）年に石櫃に納められた金銅製の蔵骨器が見つかっている。これは奈良時代の火葬骨の典型的な埋葬例で、地域の豪族もしくは僧の墓と推測されている。この蔵骨器は1956（同31）年に国の重要文化財に指定され、現在は京都大学総合博物館に収蔵されている。

瑞花双鳳八稜鏡（複製）
写真提供：宝塚市教育委員会

　勅使川の窯跡近くの中筋字平井では、1907（明治40）年に鋳銅製の八稜鏡が出土した。当初は室町時代のものであると考えられていたが、その後の研究で奈良時代後期のものだとみられている。この瑞花双鳳八稜鏡は、現在は東京国立博物館に収蔵されている。

　長尾山の住宅地では、1944（昭和19）年に皇朝銭が発見された。皇朝銭とは、奈良時代から平安時代にかけて日本で鋳造された12種類の銭貨で、ここからは和同開珎・万年通宝・神功開宝など、合わせて43枚が出土した。

　宝塚の中世の遺跡としては、前述の旧清遺跡のほか、集落遺跡として奈良時代から近世まで続く山本北垣内遺跡、中世から近世まで続く小浜遺跡などがある。安倉南遺跡も中世の集落跡で、掘立柱建物・柵・井戸などが

確認され、須恵器や陶磁器、木製品、祭串などが出土した。この井戸からは「蘇民将来*3之子孫家門也」と墨書された呪符木簡も見つかった。疫病よけのお札として住居に置かれたものだと考えられる。

西谷中学校近くの堂坂では、1971（昭和46）年に古銭入りの古丹波の壺が7つ発見された。壺は

堂坂遺跡の古銭出土状況
写真提供：宝塚市教育委員会

室町時代の中期以降の作と推定され、中には銅銭がぎっしり詰まっていた。総数約19万5千枚の中には皇宋通宝・元豊通宝・淳熙元宝などの宋銭、大中通宝・洪武通宝・永楽通宝などの明銭も含まれ、銭の流通時期から推測して、室町時代後期から戦国時代に埋められたものであろう。

宝塚の中世の文化財としては、宝篋印塔や石仏などの石造遺品があり、北部の西谷地区

三尊種子板碑
写真提供：宝塚市教育委員会

と長尾山地の南麓に多く分布する。神戸市千苅貯水池の中に、かつての石切り場跡も確認されている。西谷の石造遺品は、地元産の石英粗面岩を用いているのが特徴で、六甲山の花崗岩は見られない。波豆八幡神社の境内の西には、千苅貯水池の築造によって水没した金福寺の石造遺品が集められている。その一つである三尊種子を刻んだ板碑は地上4mと、全国第2位の高さで、嘉暦三年（1328）の銘が刻まれている。

花屋敷つつじガ丘の通称「万年坂」の道路脇に立つ地蔵石仏は、鎌倉時代後期の作と考えられている。花崗岩の石塊の表面にレリーフ状に彫られ

---

*3　**蘇民将来**（そみんしょうらい）　蘇民将来は日本全国に伝わる説話の主人公。蘇民将来は貧しい暮らしをしていたが、宿を乞うた旅人（実はスサノオ）を親切にもてなした。そこでスサノオは「蘇民将来の家門は子孫に至るまで災厄から守られる」と約束したという。この故事にならって、門口に厄除として「蘇民将来子孫」の護符（ごふ）を掲げる習慣が広く普及した。呪符木簡も同じ目的でつくられたものであろう。

た地蔵立像は、地域の人々の信仰を集めてきた。

戦乱の時代から近世へ

　室町時代の初期、摂津国は播磨出身の赤松一族の支配下にあった。しかし、1441（嘉吉元）年に赤松満祐が六代将軍足利義教を殺害した（嘉吉の乱）後、山名氏らに攻撃されて赤松氏は一時、勢いを衰えさせた。以後、山名氏と婚姻関係にある細川氏が摂津国守護となったが、応仁の乱で細川氏と山名氏が戦うと、摂津国も争乱に巻き込まれた。

　1500年ごろには細川氏が摂津国を支配するが、まもなく細川氏は跡継ぎをめぐる内紛を起こして分裂し、やがて家臣の三好長慶が細川勢を追い出した。しかし、長慶の死後に家臣の松永久秀が大きな力を握った。下克上の中で畿内は混乱していった。

　16世紀後半、中部地方から武力による天下統一を進める織田信長が畿内に進出し、浅井氏などの戦国大名や比叡山をはじめとする僧兵勢力を抑えた。信長はさらに中国地方の毛利氏への侵攻を図り、羽柴秀吉に播磨国を支配させた。その秀吉の後方を支える摂津国の守護に、信長は池田氏の家臣から身を起こした荒木村重を起用した。

　村重は伊丹に有岡城を築き、尼崎城や花隈城も拡張して摂津国を統治したが、1578（天正6）年、毛利氏に通じて突如、信長に反旗を翻した。信長は当初、明智光秀や秀吉を派遣して村重の説得を試みたが功ならず、逆に説得に訪れた黒田官兵衛孝高を有岡城に幽閉するなど強固な姿勢を見せた。同じころ播磨国では三木城の別所長治も毛利氏に通じて挙兵し、摂播両国は戦乱に巻き込まれた。約10カ月の籠城戦の後、村重は妻子や家臣を残したまま有岡城を脱出して息子が守る尼崎城・花隈城へと移り、毛利氏を頼って亡命する。1580（同8）年には播磨国の三木城が落ち、摂津国の花隈合戦も信長方の勝利に終わった。

　阪神間では、この戦乱に巻き込まれて多くの寺社が焼失したと伝わる。宝塚では中山寺や清荒神清澄寺、平井の白山権現のほか、米谷・安倉・川面・安場の村々が焼失したという記録がある。また、宝塚北部の西谷では、佐曽利を支配していた佐曽利筑前守が三蔵山城（佐曽利城）にこもって信

第3章　宝塚の歴史

長軍に防戦の姿勢を示した。しかし、佐曽利氏は中川清秀の説得に応じて信長の傘下に入り、以後は丹波や四国攻め、秀吉の朝鮮攻めにも従軍している。また、佐曽利氏は中川氏が播磨国の三木、豊後国の竹田（現・大分県）へと移封されるのに従って転地しており、豊後国竹田で佐曽利氏は江戸時代から明治まで続いた。

　一方、宝塚の小浜で酒造業を営んでいた山中家は、戦国武将の山中鹿之介幸盛の末裔だと伝わる。鹿之介は山陰地方を治める尼子氏に仕えたが、尼子氏が毛利氏に敗れると、浪人になって尼子再興に奔走した。1577（天正5）年、尼子勝久とともに播磨国の上月城に拠って毛利軍と戦ったが、念願かなわず敗れて討ち死にした。この鹿之介の長男の幸元が、伊丹の鴻池に住んでいた大叔父の山中信直のもとで育てられ、長じて名を新右衛門新六と改め、酒造業を始めた。一説によると、新六が清酒の醸造方法を発見し、醸造した酒を江戸へ送って家業は大いに発展したという。

　小浜の山中家は、この新六の長男の新兵衛が分家して酒造業を営んだと伝わる。しかし、四代目で医者となり、以後は代々医者を継いだ。山中良和は同家の子孫の一人で、幕末の1866（慶応2）年に大坂の除痘館（緒方洪庵らが開設した種痘所）から分苗（種痘苗を分けること）の免状が授与されている。山中家や清荒神の山崎僊司らによって市内でも種痘の施術が行われていたのであろう。

　なお、小浜に残る旧山中家の敷地内には「玉の井」と呼ばれる井戸がある。豊臣秀吉が有馬湯治行の途上で小浜に立ち寄った際、千利休に命じてこの井戸水で茶を点てさせたという言い伝えがある。

旧山中家住宅の玉の井

寺内町、小浜の発展

　15-16世紀になると、畿内・北陸に寺内町が誕生した。寺内町とは、浄土真宗の寺を中心とした自治都市で、寺の周囲を町家が取り囲み、その外周を堀や土塁などで囲むという城塞的な構造をもつ。多くの寺内町が布教

に便利な交通の要衝に建設され、商業活動が盛んに行われた。町内には職人や商人が居住し、他宗の信徒や武士団から攻撃されたときは、僧侶や門徒が防衛にあたった。

毫摂寺（小浜）

小浜は毫摂寺の寺内町として中世後期に形成された。『摂陽群談』（1701年）は、明応年間（15世紀末）に僧の善秀が小浜庄を開いたと記しており、町の中心にある毫摂寺もこのころに創建されたと考えられている。

毫摂寺は別名「小浜御坊」とも呼ばれ、有馬湯治に向かう途中、豊臣秀吉や養子の秀次らが宿泊に利用した。このとき、秀次は住職の娘・亀姫を見そめ、「小浜の局」として寵愛したという伝説がある（134ページ「宝塚の伝説と民話」参照）。

小浜の街並みは、寺内町の特徴をよく備えている。西側は北から流れてくる大堀川が堀の役割を果たし、東側は谷ノ上池・下池（現存せず）と土塁で防御され、町割りは道路の交差をくい違わせた升目割りで、現在も街並みがよく保存されている。また、東は京・伏見、西は播磨、北は丹波・丹後、南は大坂へと通じる交通の要衝で、古くから人や物資の往来が盛んであった。小浜は武庫川の船着き場でもあった。海岸部だけでなく、古くは川の船着き場も「浜」と呼んだ。小浜の語源である。

小浜は江戸時代に伝馬制度による公的な宿駅となり、物資を運ぶ継ぎ立ての人馬が常備され、宿が軒を連ねた。このころには記録に「小浜町」と書かれるようになり、在郷町として発展していったことがうかがえる。『摂津名所図会』には「小浜駅」が「都会の地なり」と記載されている。また、1827（文政10）年の記録によると、小浜は人口845人、戸数192戸であった。

江戸時代の小浜の様子を伝えるものに制札がある。制札とは、禁止事項や定めなどのお触れ書きを木札に書いて立てたもので、人の往来が多く目につきやすい場所が高札場となった。小浜の高札場は中心地の十字路に置かれ、「札場の辻」と呼ばれた。ここに掲げられた「忠孝札」「火付札」「キ

リシタン札」などの制札7枚は、宝塚市有形文化財に指定されている。また、2008（平成20）年にこの高札場が小浜会館の前庭に復元された。

領主の支配と村

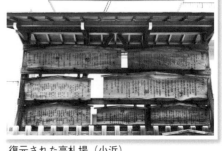
復元された高札場（小浜）

江戸時代初期の「慶長十年摂津国絵図」（1605年）には、伊孑（子）志・小林・蔵人・サカソリ（佐曽利）・長谷・大原野・ハツ（波豆）・堺野（境野）・玉瀬・畑（切畑）・河面（川面）・安場・米谷・小浜・阿倉（安倉）・中山寺・中筋・山本と、宝塚市域の18カ村が記録されている。やがて開発と人口増により、佐曽利が上佐曽利と下佐曽利に、切畑が北切畑と南切畑に分かれ、山本から平井が独立したほか、新田開発により村が増加。19世紀には芝辻新田や南畑北畑立合新田などの分村もできた。

市内にあった村々の大半は、大坂夏の陣（1615年）以後に幕府領となったのち、尼崎藩・麻田藩（現・大阪府豊中市）・忍藩（現・埼玉県行田市）・竜田藩（現・奈良県生駒郡斑鳩町）・田安家（御三卿）などに分け与えられた。忍藩のように遠く離れた藩の飛地があったのは、大坂城代（大坂城の防衛や市中の警衛を担当した役職）を務めた大名の知行地となったことによる。江戸後期、これらの飛地のうち忍藩領の小林と鹿塩は尼崎藩領となり、同じく忍藩領の安場・小浜・安倉・中山寺・山本・平井は、徳川御三家の一橋家の領地となった。

幕府領であった村の一つに、市域北部の長谷がある。現在の宝塚市北部、猪名川町、川西市、大阪府池田市・箕面市・能勢町・豊能町の一帯には、多田銀銅山と総称される鉱床群があり、室町時代から銀・銅の採掘が行われた。長谷では、千本間歩と呼ばれる坑道が開かれ、付近には数百軒の鉱民が住んだと伝わる。千本間歩は長谷と下佐曽利にまたがる地域で、切畑には岩絵具の原料となる紺青石を産出する間歩もあった。

多田銀銅山は採掘の中断により一時は廃れるが、元亀・天正年間に再興

され、豊臣秀吉の軍資金を支えた。江戸時代の寛文年間（1661－73年）に活況を呈するようになり、幕府は鉱山とその周辺の73カ村を直轄領とし、鉱山経営を掌握。また、鉱山に必要な薪炭、米を送る村々を指定した。宝塚市域ではこの時期、下佐曽利と上佐曽利も幕府領となっている。

近世の産業と暮らし

　江戸時代、宝塚市域の大半は農村地帯で、米を中心に、菜種や綿などの商品作物を生産していた。人口の多い村もあり、大原野・川面・小浜・安倉・中筋・山本などの村々は600人から900人の人口を抱えていた。平和になった江戸時代には経済が発展し、各地に特産物が生まれて流通・商業も盛んになった。

　近世、宝塚で発展した地域産業に、山本の植木業がある。これは『摂陽群談』や『摂津名所図会』にも記されるほどで、大坂天満の市に植木を出荷していたという。伝承によると、天正年間（1573－92年）、山本に隠居住まいしていた坂上頼泰が接ぎ木の技術に秀で、豊臣秀吉から「木接太夫」の称号を与えられたという。植木業は山本を中心に、近隣の伊丹・川西・池田にも広がって、盛んに行われた。

　宝塚の酒造業に関しては、1697（元禄10）年に江戸へ出荷した記録がある。当時、うまい酒といえば上方の「下り酒」が通り名で、摂津の大坂・池田・伊丹・尼崎・西宮・兵庫・富田・三田に加えて、宝塚の小浜が産地として知られた。実際には周辺の村々で生産した酒も小浜の酒として出荷され、最盛期には年間3千石の生産高を誇った。天明年間（1781－89年）に結成された江戸積酒造仲間「**摂泉十二郷***4」の中では、北在郷に含まれ、中筋村の小池治右衛門や森田屋美津、小浜のぬり屋半右衛門といった有力酒造家も現れた。

　小浜にはまた、小浜組と呼ばれる腕利きの大工集団があった。18世紀中ごろの記録によると、大工265人を擁しており、摂州随一の規模であった。小浜組の名は、1855（安政2）年の禁裏（御所）の造営に関わった摂津10

第3章　宝塚の歴史

＊4　**摂泉十二郷**　大坂三郷・伝法・北在・池田・伊丹・尼崎・西宮・兵庫・堺・今津・上灘・下灘をさす。

組のひとつとして記録されている。小浜の共同墓地には、「小浜組大工惣向年寄」と台座に刻まれた西村則周(のりかね)の墓が残っている。

江戸時代の中期以降、摂津一帯では木綿や菜種などの商品作物が栽培されていた。1743(寛保3)年の川面村明細帳によると、田地の約4割で綿の栽培が行われている。安場(やすば)・米谷(まいたに)・上佐曽利(さそり)・下佐曽利の村々でも綿作が行われており、生産された綿花の多くは池田へ売られたようである。池田には、綿花を繰綿(くりわた)に加工する繰屋や繰綿を買い付けて大坂に送る繰綿中問屋があり、近隣の綿花取引の拠点となっていた。宝塚市域の川面・山本・平井では木綿織が行われていた。

小浜組旗 (小浜宿資料館蔵)

大工鑑札 (小浜宿資料館蔵)

一方、菜種は照明(行燈(あんどん))に使う菜種油の原料として近在で盛んに栽培され、灘目(現在の灘のこと。芦屋から東神戸一帯)では六甲山系の河川の水力を利用し、水車による油搾りが行われた。宝塚市域でも川面・小浜・見佐・伊孑志・小林・蔵人(くらんど)・鹿塩(かしお)などの村々で菜種を生産していた。

このように商品作物の生産や流通が盛んになり、貨幣経済が農村部に浸透していったことで、農民と商人の間に利害の対立も生まれた。18世紀半ばに幕府が大坂の搾り油屋保護の政策を打ち出すと、武庫郡55カ村から在地での油搾り業の解禁や自由取引の願書が出された。この願書には、宝塚市域の村々も記載されている。また、18世紀末から19世紀にかけて、市場を独占しようとする大坂の綿問屋と、それに反対する農民(生産者)との反目が起こった。摂津・河内合わせて千を超える村々が連合して幕府に働きかけ、結局、綿の自由販売を認めさせた。

1842(天保13)年の下佐曽利村「村方小前百姓余業者書上帳」は、人々が農業の余業としてさまざまな商工業に従事していたことを示している。農業のかたわら商工業に携わる者が27人で、その内訳は木挽(こび)き職9人、薬

種商売4人、大工3人、小間物屋2人のほか、鍛冶屋・わら屋根葺き・綿打ち・黒鍬（土木の仕事）・桶屋・薬種ならびに質屋・焼酎商売・塩物肴商売・酒造出稼ぎが各1人となっている。翌年の統計では村の人口が231人、48戸であることから考えると、ほぼ半数の家が、何らかの副業を持っていたことがわかる。近隣の村々ではこのほか、米・味噌・油小売り、紺屋（染物屋）、籾うす細工、薪商売、鉄砲狩人、水車稼ぎなどの余業が記録に残っている。

また、19世紀には各村で寺子屋が開かれ、村の僧侶・神官・医師などが、読み書き・算術などを教えた。多いところでは、100人を超える寺子を集めたようである。

巡礼道と近世の街道

西摂平野の北西角に位置する宝塚は、古くから交通の要衝であった。

古代の山陽道は、京から摂津に入ると、西摂平野を北東から南西方向に斜めに横切っていた。これは近世の京伏見街道・西国街道で、ほぼ現在の国道171号に沿う幹線道路である。この幹線から大阪府の池田あたりで分かれて長尾山地南麓を西進し、生瀬で武庫川を渡って船坂・有馬・箕谷と六甲山地の北を西進して、三木から西国に進むバイパスのような交通路が古くからあった。また、山陽道が海辺に出る西宮から北に進み、甲山の西の台地を北上し、船坂で先のバイパスと交差して三田から丹波へ向かう道も、中世から利用されていた。その東で、西宮から六甲山の東麓を北に進み、伊孑志で武庫川を渡って小浜に至る道があった。尼崎方面からは、西摂平野を斜め北東に進んで小浜に入る交通路もあった。

中世以前の道筋ははっきりとはわからないが、京から有馬へ湯治に向かう人々が宝塚を通過し、さまざまな足跡を残している。公家で歌人の藤原定家は、1212（建暦2）年に有馬湯治を終えて京へ帰る途中、小林荘に立ち寄って昼食をとったと『明月記』に記録している。また、本願寺の蓮如は舞谷（米谷）に立ち寄り、豊臣秀吉は小浜の毫摂寺に泊まったと伝承されている。

江戸時代には、街道は行く先の地名で呼ばれていたため、小浜からは東

に京伏見街道、西に有馬道、南に西宮道が分かれていた。西宮道は酒造地である西宮へ米や酒、年貢などを運んだ道で、馬に荷を積んで運んだことから「馬街道」とも呼ばれた。また、伊丹から宝塚の口谷を経由して、満願寺、多田を経て丹波篠山に至る丹波道(多田道)は、丹波杜氏が伊丹や灘の酒蔵へ季節労働に行く道としても利用された。

一方、江戸時代になると観音霊場を巡る旅が庶民に広まり、**西国巡礼**[*5]二十四番札所の中山寺に多くの参拝者が訪れた。西国三十三所観音巡礼のほか、安産を祈願する大坂などからの参拝者も多かった。二十三番札所の勝尾寺(大阪府箕面市)と二十五番札所の清水寺(加東市)の間に位置する中山寺へは、箕面から播磨へ向かう長尾山南麓の参詣道が利用された。これが巡礼道である。

19世紀初頭、門前宿が20軒ほど並んでいた中山寺村では、巡礼道の整備を行い、猪名川に巡礼橋(呉服橋)を架けたほか、西からの旅人に対しては武庫川の伊孑志の渡しを無料にするなどの便宜を図った。こうした誘致活動や巡礼道の整備に対して、正規の街道沿いの宿駅(宿場)からは不利益をもたらすとして紛争が起こっている。巡礼道は正規の街道ではなかったからである。したがって、「巡礼街道」という呼称は問題があり、歴史的には「巡礼道」と呼ぶべきである。それでも、江戸時代後期の『摂州紫雲山中山寺伽藍之図』には、楼門や諸本堂・坊舎などの施設のほか、門前に戎屋・亀屋・加茂屋といった宿屋、そして周辺を行き交う多くの人が描かれ、当時のにぎわいがうかがえる。

巡礼道のほか、中山寺に至る古い交通路には「中山道」と刻んだ数多くの道標が残っている。これ

摂州紫雲山中山寺伽藍之図
画像提供:宝塚市立中央図書館

[*5] **西国巡礼** 奈良時代に大和長谷寺の徳道上人が畿内に三十三カ所の観音霊場を設けたのが始まり。その後、平安時代に花山(かざん)法皇が西国霊場の再興に尽力し、那智山の青岸渡寺(せいがんとじ)を第一番札所として整備した。

らの道標は、18世紀末から19世紀にかけて設置されたものが多いが、宝塚から伊丹・池田・箕面にかけての西摂平野（大阪平野）北部では、17世紀の道標も多数見つかっている。安倉南の姥ケ茶屋道標は1668（寛文8）年の制作で、兵庫県内で最も古い道標のひとつである。

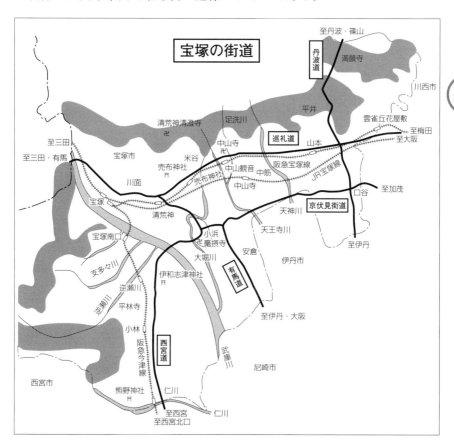

山田屋大助の乱

　江戸時代後期、大坂で起こった大塩平八郎の乱（1837年）は、大飢饉による米価高騰で苦しむ人々の救済を訴えるものであった。平八郎の蜂起は1日で幕府に鎮圧されたが、その影響により全国各地で一揆や打ちこわしが相次いだ。

　能勢では、1837（天保8）年に山田屋大助という商人が先導して人を集

め、「朝廷に徳政令を求める」との回状を能勢郡・川辺郡の村々に出した。大助はこれらの村々に農民を出すよう求め、数百人規模の勢力を整えて西方へ押し寄せていった。一揆勢は大きな家に押し入って金銭や飯酒を強要し、村々で農民の差し出しを求めた。宝塚市域では、一揆勢が上佐曽利村に宿泊したほか、下佐曽利・長谷・芝辻新田・境野村の農民が差し出された。しかし、同日のうちに一揆勢は麻田藩領木器村（現・三田市）で幕府の捕手により制圧され、多くの農民が四散した。首謀者の大助は腰に銃弾を受けて切腹し、4人が自刃した。

　翌年、騒動の関係者に裁定が下り、一揆を企てた中枢者は畿内および指定地域から追放された。一揆に参加した32カ村712人の農民には、村高に応じた過料（金銭罰）が申し付けられた。32カ村の庄屋・年寄りにも責任があるとして過料を申し渡されたが、中でも上佐曽利村庄屋の惣右衛門は一揆勢の要求を従順に受け入れたとして所払い（追放）の厳しい処分を受けた。

　各地で起こったこのような騒乱は、幕府の統治能力に生じたほころびを暗示していたといえよう。

明治維新と村の統合

　明治政府は、幕藩体制の解体と同時に地方制度の改革を進めた。広域的には、古代以来の形式上の国や近世の実質的な地方支配の藩を廃止して府や県を置いた。兵庫県は、1868（明治元）年に旧天領（幕府の直轄地）を支配するために創設され、1871（同4）年の廃藩置県など複雑な過程を経たのち、1876（同9）年にほぼ現在の県域が確定した。

　狭域的には、近世の村々の統合が進んだ。宝塚市域では、1874（同7）年に新しい山本村が、1877（同10）年には新しい北畑村がそれぞれ誕生した。1889（同22）年に市制町村制が実施され、良元村・小浜村・長尾村・西谷村の4村が成立した。

　兵庫県では1896（同29）年に郡制も実施され、武庫川右岸の良元村は武庫郡に、武庫川左岸の小浜村・長尾村・西谷村は川辺郡に属することになり、以後、この状態が約半世紀の間続いた。

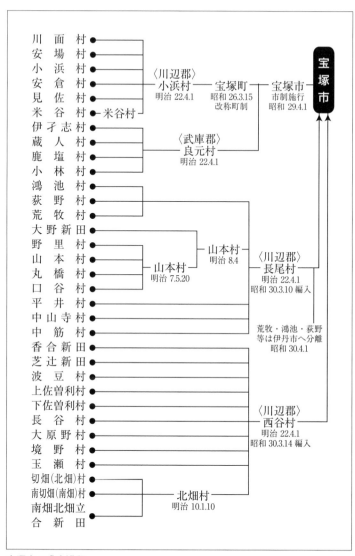

宝塚市の成立過程

宝塚温泉の開発と近代化

　鎌倉時代に「小林の湯」として歌に詠まれた宝塚温泉は、地域の人々には知られた存在であったが、温泉地として本格的に開発されるのは明治中期のことである（宝塚温泉の開湯については、63-67ページ参照）。

山上から見た旧温泉街と武庫川対岸の新温泉
写真提供：宝塚市立中央図書館

最初の温泉場は1887（明治20）年、岡田竹四郎や小佐治豊三郎、田村善作らによって武庫川右岸に開業した。このころの宝塚は交通不便な場所で、当初期待したほど浴客は増えず、数年で経営が中断してしまった。しかし、1897（同30）年に阪鶴鉄道（現・JR福知山線）の池田－宝塚間が開業することとなり、宝塚温泉場持主組合が温泉場を再興してにぎわいを取り戻した。このとき、阪鶴鉄道の駅を「宝塚」と命名されたことが、温泉地を含む地域一帯の未来を決定づけたといって過言ではない。

1910（同43）年に開業した箕面有馬電気軌道（現・阪急電鉄）もまた、温泉地の最寄り駅を「宝塚」と名付けた。このようにして、宝塚温泉は阪鶴鉄道と箕面有馬電気軌道の2本の鉄道で商都・大阪と結ばれ、遊楽地として広く知られるようになる。

郊外電車として敷設された箕面有馬電気軌道は乗客を増やすために、池田や豊中などの郊外住宅地の開発・分譲を行うとともに、新たな行楽地の開発・運営に努めた。1911（同44）年には武庫川左岸に宝塚新温泉を開業した。翌1912（同45）年には室内プールを設けたパラダイスを開館。さらに、1914（大正3）年にパラダイスを改装した劇場で宝塚少女歌劇がデビューした。少女歌劇は次第に充実が図られ、エンターテインメント性の高い舞台芸術として人気を呼ぶようになった。温泉や歌劇場に加え、動物園、植物園、遊園地、映画館などが整備された武庫川左岸は、大正から昭和初期にかけて大きな集客力を発揮した。また、1922（同11）年、宝塚新温泉の隣に「宝塚運動場」が誕生し、1932（昭和7）年、新温泉内に宝塚プー

花のみち
写真提供：宝塚市立中央図書館

ルが竣工してスポーツ施設も充実した。

　温泉場および行楽地として急速に発展していった宝塚では、都市整備も次々と進んだ。温泉場や旅館に初めて水道が敷かれたのは1892（明治25）年のことで、1908（同41）年に宝塚郵便局が設置され、2年後に電信電話事業も始まった。1910（同43）年、猪名川水力電気が良元村の伊孑志（りょうげんそん　いそし）の一部への電力供給を開始し、小林・蔵人（おばやし　くらんど）・鹿塩（かしお）などへ順次、電力事業を拡大した。

　昭和になると道路の整備が進み、自動車が通行できる宝塚大橋、大阪－宝塚間を結ぶ道路、宝塚から六甲山上へのドライブウェーなどが次々と開通した。

郊外住宅地の誕生

　明治30年代、大阪では工業化と都心への人口集中が進んで環境悪化が懸念されるようになり、より健康的な生活環境を求める富裕層が郊外住宅地へと転居を始めた。やがて阪堺（はんかい）鉄道（現・南海電鉄）や阪神電気鉄道（現・阪神電鉄）、箕面有馬（みのおありま）電気軌道（現・阪急電鉄）といった電気鉄道が民間主導で整備され、都市で働き郊外に住居を持つというライフスタイルが浸透していった。北摂や阪神間では、住吉・池田・桜井・豊中・鳴尾・御影・香櫨園（こうろえん）・甲陽園（こうようえん）などが次々と開発・分譲された。

　宝塚で最初に開発された郊外住宅地は、雲雀丘（ひばりがおか）・花屋敷地区である。雲雀丘地区は住吉（現・神戸市東灘区）を開発した阿部元太郎が、理想的な洋風の住宅地づくりをめざし、箕面有馬電気軌道宝塚線の北側に広がる長尾山系の丘陵地を1915（大正4）年に購入。開発にあたっては雲雀丘駅を設置し、駅前ロータリーやシュロ並木に彩られたメインストリート、歩道、街灯などを配置し、電気・ガス・上下水道などの先進的なインフラ整備を行った。宅地は1区画200坪から500坪と広く、主に大阪の財界人や医師などが、瀟洒（しょうしゃ）な洋館の住居を構えた。開発者の阿部元太郎自身も洋館の自宅を建設し、終生ここに住んだ。大正から昭和に

第3章　宝塚の歴史

雲雀丘の住宅地（昭和40年頃）
写真提供：宝塚市立中央図書館

かけて、雲雀丘には近代的な住宅が次々と建設され、現在も安田家住宅（1921年）、ヴォーリズ設計の高碕記念館（1923年）、古塚正治設計の正司家住宅洋館（1932年ごろ）などが残っている。

雲雀丘に隣接する花屋敷地区は、東洋紡社長の河崎助太郎が、1917（大正6）年に花屋敷土地株式会社を設

新花屋敷温泉のトロリーバス（1928年ごろ）
写真提供：（公財）阪急文化財団　池田文庫

立して開発に乗り出した。1919（同8）年の記録では、総面積約9万坪で106区画に区割りされていた。

大正から昭和初期にかけて、満願寺（川西市の飛び地）のやや北に開発された新花屋敷温泉は、温泉とレジャー施設を備えた住遊近接のユニークな住宅地であった。開発者の田中数之助は、呉服商で財をなした人物で、新花屋敷温泉土地株式会社を設立し、温泉場のほかに遊園地や動物園を整備した。1928（昭和3）年には温泉場と花屋敷駅を結ぶ公共交通機関として、日本初の無軌道電車（トロリーバス）を運行した。経営がうまくいかず、2年半で姿を消したが、温泉やレジャー施設と住宅地を併せて開発するという発想は、阪急電鉄の小林一三の開発手法に学ぶところがあったのかもしれない。

なお、雲雀丘・花屋敷地区が開発される以前は、現在の阪急雲雀丘花屋敷駅近くに花屋敷温泉（新花屋敷温泉とは別）もあった。1907（明治40）年ごろに温泉を発見した東塚一吉は、この地で温泉旅館を経営し、旅館と箕面有馬電気軌道の花屋敷駅（当時）の間を自動車で送迎していた。

箕面有馬電気軌道は、大阪と神戸を結ぶ都市間交通への進出に先駆け、1918（大正7）年に阪神急行電鉄と改組改称。1920（同9）年の神戸線（上筒井－梅田間）開業に続いて、翌年には西宝線（現・今津線宝塚－西宮北口間）が開業した。阪急電鉄も沿線に多くの住宅地を開発・分譲した。宝塚では、雲雀丘・中山・御殿山・武庫山・宝南荘・仁川など。山麓の斜面に広がる郊外住宅地は、阪神間における理想的な住環境の象徴となった。

花開くモダニズム文化

阪神間は、大阪の上方文化と神戸の西洋文化が混ざり合って独自のモダニズム文化を育んだ。中でも宝塚は、温泉場の開設、鉄道の開通、郊外住宅地の開発、宝塚歌劇の誕生などが相次ぎ、農村地帯であった村々は大きく変貌を遂げていった。

旧宝塚ホテル（開業当時の外観）
写真提供：宝塚市立中央図書館

大阪・神戸と電車で結ばれた宝塚は理想的な郊外住宅地であり、温泉リゾートや宝塚歌劇の存在が近代的なイメージを後押しした。

1926（大正15）年、良元村の平塚嘉右衛門と阪急電鉄の共同出資により、宝塚南口駅前に宝塚ホテルが開業した。山荘風の屋根が印象的な建築デザインで、鉄筋コンクリート造りの5階建て。設計したのは、ヨーロッパ遊学から帰国間もない建築家・古塚正治である。ホテル内には客室のほかに食堂や宴会場、ビリヤードルーム、理髪店などが整備され、前庭にテニスコートも配置された。ホテル5階には、阪神間に住む富裕層の社交団体「宝塚倶楽部」が誕生し、囲碁・ビリヤード・テニスなどの娯楽と社交が提供された。この宝塚倶楽部を母体として宝塚ゴルフ倶楽部が発足し、同年秋に宝塚ゴルフ場3ホールが開場した。

平塚は武庫川右岸の土地開発を多く手がけており、阪急西宝線（現・今津線）が開通した1921（同10）年、武庫川と逆瀬川と支多々川、そして西宝線に囲まれた台形状の土地に「中洲楽園」を開いた。これは、武庫川と逆瀬川の河川改修により生まれた造成地を活用した開発事業で、敷地の中心には温泉浴場、周囲には貸別荘を整備して滞在型の温泉リゾートを形成した。さらに、1930（昭和5）年ごろから、中洲楽園の北側に住宅分譲地を造成し、「中洲荘園」として売り出した。同じ年、この中州にダンスホール宝塚会館（現存せず）がオープンした。大正時代末ごろから盛んになった社交ダンスブームを受けて尼崎や西宮にダンスホールが次々と誕生する

中洲荘園見取り図（昭和初期）
写真提供：宝塚市立中央図書館

ダンスホール宝塚会館
写真提供：宝塚市立中央図書館

中、宝塚会館は関西屈指の規模と設備を誇り、「東洋一の大舞踏殿堂」と評された。宝塚ホテルと同じく建築家・古塚正治の設計で、楕円形を基調としたホール形状と当時流行のアールデコ様式を採用。ジャズバンドが生演奏を繰り広げ、モガ（モダンガール）やモボ（モダンボーイ）がダンスに興じた。

平塚はまた、1916（大正5）年以来、宝塚旧温泉の経営者として武庫川右岸の温泉街の活性化に尽力した。1928（昭和3）年には宝来橋南詰めにあった旧温泉を建て替え、鉄筋コンクリート造り5階建てのビルディングとした。これも、建築家・古塚正治の手によるもので、宝塚ホテルとは対照的に装飾性を排した近代建築デザインを採用した。浴場や食堂、客室を備えたこの建物は、戦後に宝塚第一ホテルとして引継がれたが、若水旅館に売却され、ホテル若水の新築に伴って、1994（平成6）年に解体された。

一方、宝塚大劇場に隣接するルナパークは、植物園・動物園・遊園地などが整備され、親子で休日を過ごせるレジャーセンターとしての機能を充実。これがのちに宝塚ファミリーランドへと発展していく。

緑豊かで近代的な郊外住宅地に住み、大阪の中心地に電車で通勤。休日にはゴルフやテニス、ダンス。主婦は駅デパー

古塚正治が設計した宝塚旧温泉
写真提供：宝塚市立中央図書館

トで買い物をし、歌劇に足を運び、家族でルナパークに繰り出すという富裕層のライフスタイルは、まさに阪神間モダニズム文化の風景であった。

戦災と復興

　大正から昭和初期にかけて、華やかなモダニズム文化が開花した宝塚にも、やがて軍靴の音が響くことになる。1937（昭和12）年に日中戦争が始まると戦時体制が強化され、1939（同14）年にダンスホール宝塚会館は閉鎖された。このころには宝塚少女歌劇も戦意発揚をテーマにした作品が中心となり、皇軍慰問団が組織されて中国への慰問公演も盛んに行われた。

　1941（同16）年、良元村の南端に川西航空機宝塚製作所（現・新明和工業）の新工場が操業を開始した。同社は民間航空機の製造を主としていたが、海軍指定工場となり、太平洋戦争が始まると軍用機の生産を拡大した。働き盛りの男性は徴兵により戦地に駆り出されたことから、労働力を補うために学生や女性も工場に動員された。川西航空機でも学徒動員が行われ、1943（同18）年には工場通勤のために、阪急今津線の仁川駅と小林駅の間に臨時の鹿塩停車場が設けられた。

　1944（同19）年、宝塚大劇場は閉鎖され、宝塚新温泉の全施設が海軍航空隊の訓練の場として接収された。ここに海軍飛行予科練習生約千人が入隊し、滋賀海軍航空隊宝塚分遣隊が発足。翌年に宝塚海軍航空隊と改称され、常時3,500人から4,000人近くの海軍将兵が駐留していた。

　同年末、米軍による本土空襲が始まった。武庫川右岸の東洋ベアリング武庫川工場や川西航空機宝塚製作所などの軍需工場は米軍の標的となり、1945（同20）年7月、空襲により壊滅的な被害を受けた。川西航空機の工場の犠牲者数は約120人ともいわれ、良元村でも23人が犠牲となった。

　同年8月15日に終戦を迎えると、宝塚にも連合軍が進駐してきた。宝塚大劇場・宝塚新温泉・宝塚ホテル・東洋ベアリング武庫川工場などが接収され、宝塚は戦後復興への道を歩み始めた。

宝塚市の発足

　武庫川を挟んで位置する武庫郡良元村と川辺郡小浜村は、戦前から合併

宝塚町と良元村の合併調印式
写真提供：宝塚市立中央図書館

良元村長を務めた岡田幾
写真提供：宝塚市立中央図書館

問題を盛んに議論していたが、いわゆる戦後の「昭和の大合併」により、合併の動きが急速に進んだ。このころ周辺では、伊丹市や西宮市、川西町などが近隣町村との合併に意欲を示しており、宝塚の村々も摂津市構想や川辺市構想などに揺れた。

　良元村は小浜村との合併を進めていたところ、西宮市から合併の申し出を受けた。そこで、1951（昭和26）年に、小浜村と合併して宝塚市を発足させるか、西宮市に編入するかを住民投票にかけたところ、宝塚市制への賛成が過半数を占めた。ところがわずか1週間後、小浜村が単独で町制を施行し、その町名を宝塚町としたため、良元村では西宮市への編入議案の提出、再度の住民投票など紆余曲折があった。合併問題で混乱したこの年、良元村では村長が辞職し、7月の村長選で岡田幾が当選。兵庫県で初の女性村長として良元村の舵取りをすることとなった。そしてついに1954（同29）年4月1日、宝塚町と良元村の合併により宝塚市が誕生した。宝塚市発足に際して岡田は、市長職務代理者として活躍した。

　1955（同30）年には、長尾村と西谷村が新生の宝塚市に加わったが、1カ月も経たないうちに、旧長尾村内の荻野・荒牧・鴻池・山本地区の一部が宝塚市から分離して伊丹市に合流した。この時点で、ほぼ現在の市域が確定した。同年4月1日の宝塚市は、人口55,205人、面積約100km^{2}である。

高度成長と住宅都市

　高度成長時代を迎え、宝塚市は大阪近郊のベッドタウンとしてさらに発展した。1959（昭和34）年の日本住宅公団（現・都市再生機構）による仁川団地の造成をはじめ、西山・武庫山・中山台などの宅地造成が盛んに行

われた。宝塚新大橋・十万道路（宝塚－西谷）・中国自動車道といった幹線道路の整備が進み、国鉄（現・JR）福知山線の複線電化が完成するなど交通網も充実した。

　宝塚市の人口は、1967（昭和42）年に10万人を突破し、1973（同48）年に15万人、1987（同62）年に20万人へと急増。これに伴って児童・生徒数も急増し、小中学校の増設が急がれた。また、市立体育館、市立図書館、宝塚ベガ・ホールなどの公共施設が相次いでつくられた。市民生活を支えるインフラの整備も急ピッチで進み、小浜水源池・深谷貯水ダム・川下川ダムの建設や下水道の供用などにより、都市基盤が充実した。

　宝塚新温泉は高度成長時代に家族向けのレジャー施設として人気を博し、1960（同35）年に名称を公募して「宝塚ファミリーランド」と改めた。日本初のジェットコースター「ウエーブコースター」や東洋一の大温室、日本初のホワイトタイガーの繁殖などで注目を集め、週末ともなれば家族連れでにぎわった。宝塚ファミリーランド内には、動物園（動物サーカス）・植物園・科学遊園・昆虫館・淡水魚館・交通館・運動場などが揃っており、周辺には宝塚大劇場・宝塚新芸劇場・映画館・ヘルスセンター（温泉）もあった。まさに、東洋随一のアミューズメントパークであった。一方、武庫川右岸の旧温泉は、大阪から電車で約30分という気軽さに加え、左岸の豊富なアミューズメントとの相乗効果で温泉街が発展し、1970年代のピーク時には武庫川沿いに50軒余りの旅館が軒を連ねた。

　武庫川右岸に宝塚市役所の新庁舎が完成したのは1980（同55）年のことで、清荒神に住む建築家の村野藤吾が設計した。1982（同57）年には小浜に市立病院が竣工し、翌年には総合福祉センターも完成した。

　人口増や車社会の拡大が進んだことで、次に駅前再開発が課題となった。1974（同49）年に市街地再開発事業第1号として、宝塚南口駅前にサンビオラが開業した。駅前再開発事業として

阪急宝塚南口駅とサンビオラ（1974年当時）
写真提供：宝塚市

第3章　宝塚の歴史

は、全国でも先駆的な取り組みであった。以後、逆瀬川駅前地区のアピア、宝塚駅前のソリオと続き、阪神・淡路大震災後には、震災復興事業として、花のみちセルカ、売布駅前のピピアめふ、仁川駅前のさらら仁川などの再開発事業が行われた。

阪神・淡路大震災

　1995（平成7）年1月17日午前5時46分、淡路島北部を震源とするマグニチュード7.3の大地震が発生した。この兵庫県南部地震（阪神・淡路大震災）により、宝塚市では死者119人、負傷者2,201人という甚大な被害が発生し、建物被害は全壊半壊合わせて約1万3千棟を数えた。また、火災発生による全焼2件、一部焼損2件、車両の焼損1台が報告されている。

　大きく傾いたマンション、倒壊した家屋、地割れが走る道路、壊れた高速道路の橋脚など、地震の激しいエネルギーは宝塚の風景を一変した。ライフラインの被害も深刻で、市内約5万戸が断水となり、約9万戸が停電、約6万7千戸でガス供給が停止した。1月18日には市内55カ所の避難所に約1万6千人が避難。避難所は5月21日まで設置された。

　住宅を失った市民のために仮設住宅が用意され、最大時は三田市の2カ所を合わせて計36カ所、1,742戸が建設された。これらは1998（同10）年9月末で閉鎖された。また、宝塚大劇場・宝塚ファミリーランド・JRA阪神競馬場・中山寺などの観光施設も被害を受け、再建が困難な宝塚温泉の旅館やホテルは廃業や休業に追い込まれた。阪急電鉄やJRも被害を受けて一時不通となった。

　阪神・淡路大震災で犠牲になった方々の鎮魂と震災の経験を後世に伝えていこうと、市内各地に震災のモニュメントがつくられた。逆瀬川沿いのゆずり葉緑地には、宝塚ライオンズクラブの提唱で市民が寄付を集めて1997（同9）年に「鎮魂の碑」が建立された。御影石でつくられたモニュメントの台座は

鎮魂の碑（ゆずり葉緑地）

タイムカプセルとなっており、犠牲者の名簿や震災の記録などとともに市内の小中学生が書いた作文が保存されている。

新しいまちづくりへ

　震災復興が進むにつれて、宝塚市の風景は大きく変わった。
　2000（平成12）年、山本地区に園芸振興施設「あいあいパーク」がオープンした。古くからこの地域に根付いてきた植木産業をPRするとともに、広く園芸に親しんでもらう拠点として、花木の苗や園芸用品の販売のほか、園芸相談や講座も開講している。
　2002（同14）年、日帰り入浴施設「市立宝塚温泉（現・ナチュールスパ宝塚）」、ボランティア支援センター「ぷらざこむ１」、市立老人福祉センターと市立大型児童センターの複合施設「フレミラ宝塚」がオープン。2003（同15）年に宝塚市は特例市に移行し、都市計画や環境保全行政において中核都市に近い権限を持つことになった。
　2004（同16）年には、市役所庁舎の西側に防災公園・末広中央公園が完成。2005（同17）年に西谷ふれあい夢プラザがオープンした。また、2008（同20）年には武庫川町に関西学院初等部が開校した。
　一方、2003（同15）年に宝塚ファミリーランドが惜しまれつつ閉園した。宝塚ファミリーランドは植物園・動物園・遊園地のほか、一時は50mプール・昆虫館・映画館も併設された一大アミューズメントパークとして長らく親しまれてきた。閉園後、跡地には同年９月に、英国人ガーデンデザイナーのポール・スミザーによる英国風庭園・ペットパーク・レストランを併設した「宝塚ガーデンフィールズ」がオープンした。しかし、2013（同25）年末に宝塚ガーデンフィールズも閉園となり、ルナパークの誕生以来90年にわたって多様な大衆娯楽を提供してきた約３万m²の敷地は分割され、商業施設などがつくられた。宝塚市は、この敷地の約３分の１を買い取り、新た

宝塚ガーデンフィールズ
写真提供：宝塚市

に宝塚市立文化芸術センターを建設し、2020（令和2）年にグランドオープンした。同センターは宝塚文化創造館と手塚治虫記念館に隣接しており、3館の連携による宝塚市の文化拠点が誕生した。同センターの建設に併せて、手塚治虫記念館の周辺もリニューアルが行われた。

2020（同2）年、宝塚ホテルが宝塚南口から宝塚大劇場の隣接地（栄町）に移転した。かつて「宝塚新温泉」と呼ばれた一帯は、宝塚大劇場・バウホール・宝塚ホテル・手塚治虫記念館・宝塚文化創造館・宝塚市立文化芸術センター・花のみち・ソリオとともに、現在も宝塚観光のコアを形成している。

宝塚の周年事業

2014（平成26）年、宝塚市は「宝塚歌劇100周年・市制60周年・手塚治虫記念館20周年」を祝った。

宝塚市では手塚治虫の代表作から、特別観光大使のサファイアに加え、鉄腕アトム、ジャングル大帝レオをキャラクターとした周年ロゴマークを作成。宝塚駅前や花のみちを彩るバナーのほか、広報誌やポスターなどさまざまなメディアに活用した。また、昭和初期の宝塚沿線の鳥瞰図をデザ

周年事業の記念グッズ
写真提供：宝塚市

インしたレトロなランチョンマット・掛け紙・ブックカバー・コースターを製作し、市内の小売店や飲食店に提供した。

JRA阪神競馬場の宝塚市制60周年記念レースや宝塚ランニングフェスティバルなどのイベントのほか、観光花火大会や宝塚音楽回廊などのイベントも祝賀の特別プログラムが用意され、多くの観光客が宝塚を訪れた。

2014（同26）年11月1日に行われた宝塚市制60周年記念イベント「～ギネス世界記録™に挑戦！～TAKARAZUKA　1万人のラインダンス」は、宝塚市の子ども委員会から提案された企画を実現しようと、宝塚青年会議所・宝塚商工会議所青年部・エフエム宝塚・宝塚市文化財団の4者が実行委員会を結成。武庫川の河川敷を舞台に大人数のラインダンスを行い、ギネス世界記録™に挑戦しようというものであった。楽曲は「鉄腕アトム」「お

おタカラヅカ」「すみれの花咲く頃」「TAKARAZUKA FOREVER」「ビバ！宝塚」を編曲し、宝塚歌劇団の演出家・音楽家・振付家の協力により制作された。公開練習などを経て、実施当日は4,395人が見事なラインダンスを披露し、ギネス世界記録™を達成した。

1万人のラインダンス
写真提供：宝塚市

宝塚大劇場では100周年を祝う記念式典や記念講演が行われ、大劇場内には歌劇100年の歴史を支えてきた100人を顕彰するミュージアム「宝塚歌劇の殿堂」がオープンした。また、宝塚市は宝塚歌劇団に市民栄誉賞を授与するとともに、「歌劇のまち宝塚条例」を制定した。

手塚治虫記念館では、さまざまな20周年記念イベントが行われ、改めて宝塚と手塚治虫のつながりが確認された。

2024（令和6）年は、「宝塚歌劇110周年・市制70周年・手塚治虫記念館30周年」にあたり、宝塚大劇場は100周年、宝塚市文化財団は創立30周年を迎えた。市制70周年の記念事業として、4月に記念式典が開催されたほか、市花のダリアのブーケを並べて新たな世界記録「ギネス世界記録™町おこしニッポン～ Longest line of bouquets ～」の挑戦イベント（ギネス世界記録™町おこしニッポンに認定）、宝塚だんじりパレードなどが開催された。

文化財・史跡

道しるべ

宝塚の各地に残る道しるべは、この地域が古くから交通の要衝であったことを教えてくれる。市内には京伏見街道・有馬道・西宮道・丹波道（多田道）といった道が縦横に敷かれており、「池田」「ありま」「西宮」「大坂」「三田」などの地名を刻んだ道標が見られる。

西国二十四番札所の中山寺への参拝に使われた巡礼道は、二十三番の勝尾寺（箕面市）から二十五番の清水寺（加東市）に至る。この道沿いには、売布神社や清荒神清澄寺をはじめ、寺社や史跡が点在しており、寺社の名前を刻んで巡礼者を導いた道標が数多く残っている。また、交通標識だけでなく経文や梵字を刻んだ道標も見られ、これらが供養塔として人々の信仰を集めてきたことがうかがえる。

　一般的に道標の製作年代は、おおむね18世紀末から19世紀ごろだが、宝塚を含む北摂一帯には17世紀に製作された道標が現存している。1668（寛文8）年に製作された安倉南の姥ケ茶屋道標（寛文八年紀年銘道標）は、兵庫県内で最も古いものの一つで、宝塚市の指定文化財である。

「右西の宮兵庫道」の道標（和田家住宅内）

神社仏閣と仏教美術

　西国二十四番札所の中山寺は、聖徳太子ゆかりの寺といわれ、安産の寺としても名高い。木造十一面観世音菩薩立像をはじめ4体の仏像が国指定重要文化財で、本堂・護摩堂・大門などの建物は兵庫県指定文化財である。本堂と護摩堂からは、1603（慶長8）年に豊臣秀頼が諸堂とともに再興したと記す棟札が見つかっている。

中山寺の木造十一面観世音菩薩立像
（国重文）写真提供：宝塚市教育委員会

　清荒神清澄寺は、896（寛平8）年の創建と伝えられ、「火の神様」「台所の神様」として信仰を集めている。厄年の人は清荒神で火箸をいただいて家に祀り、厄が終わると火箸を奉納する習慣があり、境内の火箸納所には大小さまざまな火箸が積み上げられている。本尊の木造大日如来坐像をはじめ、3件の国指定重要文化財を所蔵し、周辺の自然林および境内の大イチョウ2本は宝塚市指定天然記念物である。また、同寺の境内には富岡鉄斎の作品約2,000点を収蔵する聖光殿「鉄斎美術館」が併設されている。

波豆の八幡神社本殿は、宝塚に現存する建物としては最も古い。室町時代初期の1403（応永10）年の再建で、国指定重要文化財。境内には、1425（同32）年の石造鳥居、宝篋印塔などの兵庫県指定文化財も見られる。なお、神社の駐車場前に立つ「国宝八幡神社」の碑は、1915（大

波豆の八幡神社　写真提供：宝塚市教育委員会

正4）年に当時の**古社寺保存法**[*6]により八幡神社本殿が国宝に指定された際のものである。1950（昭和25）年に現行の「文化財保護法」が施行され、改めて国重要文化財に指定された。

中筋の八幡神社本殿は、一間社隅木入春日造と呼ばれる様式で、屋根は檜皮葺。中世後期の神社本殿の代表作とされ、国指定重要文化財である。阪神・淡路大震災で倒壊したが、1996（平成8）年に復元された。現在、建物は覆い屋で保護されており外からは見ることができない。

このほか建造物としては、八坂神社本殿・伊和志津神社本殿・松尾神社本殿・天満神社本殿などが兵庫県や宝塚市の文化財指定を受けている。また、平林寺・宝山寺・普門寺・泉流寺の仏像をはじめ、宝塚には人々の信仰を集めてきた文化財が多数伝えられている。

川西市の飛び地として宝塚市域に囲まれている満願寺は、多田源氏ゆかりの寺である。寺伝によると、源満仲が信仰を寄せて源氏一族の祈願所となった。境内には謡曲『仲光』の美女丸と幸寿丸の伝説（136－138ページ「宝塚の伝説と民話」参照）にまつわる藤原仲光・美女丸・幸寿丸の三廟、源頼光の四天王と呼ばれた坂田金時（金太郎）の墓がある。満願寺の自然林は一部が宝塚市域にあり、宝塚市の天然記念物に指定されている。

街並みと民家

中世後期に寺内町として誕生した小浜は、近世に宿場町としてにぎわっ

＊6　**古社寺保存法**　1897（明治30）年に公布。この法律では、国の文化財は全て国宝とされた。1950（昭和25）年に施行された「文化財保護法」により、国宝と重要文化財が区別されるようになった。

た。虫籠窓や瓦葺の付庇を備えた町家とともに、江戸時代の地図にも見られる升目割りの町割りがよく保存されている。古い町家の外観を再現した現代建築もあり、宿場町・小浜の面影を今に伝えている。小浜の皇大神社には、1711（正徳元）年に江戸幕府が出した制札（お触れ書き）6枚に加え、1866（慶応2）年の制札1枚が伝わっており、これら7枚は宝塚市の文化財に指定されている。2008（平成20）年、この制札が復元され、小浜会館の前に掲げられた。

小浜の街並み

　市内に残る最も古い民家は米谷の旧和田家住宅で、江戸時代中ごろの建築と考えられている。摂津・丹波型と呼ばれる妻入角屋本瓦葺の住宅と土蔵は、宝塚市の指定文化財。阪神・淡路大震災後に宝塚市に寄付されて修復が行われ、現在は市立歴史民俗資料館旧和田家住宅として公開されている。

　茅葺屋根の旧東家住宅は、宝塚自然の家に移築・保存されている。元は大原野にあった住宅で、摂津・丹波型三間取りと呼ばれる形式の典型である。江戸時代中ごろの建築と推定されているが、詳しいことはわかっていない。兵庫県の有形民俗文化財で、農家の生活道具とともに展示・公開されている。

　売布の橋本関雪別邸「冬花庵」は、約2,800坪の敷地に回遊式庭園や鐘楼・三重塔・石造美術品などが保存されている。日本画家の橋本関雪が、1922（大正11）年に別邸として取得。三重塔は伊賀上野の浄瑠璃寺から移築したもので、鐘楼の梵鐘は1446（文安3）年の名鐘として知られている。

　宝塚の生活文化も文化財指定を受けている。大原野の宝山寺で行われる灯籠会「ケトロン祭」と中山寺で行われる「星下り大会式」は、いずれも宝塚

旧和田家住宅（米谷）

市無形民俗文化財である。さらに、地域固有の食文化として「西谷地区のちまきの食文化」が2020（令和2）年に宝塚市無形民俗文化財に指定された。西谷地区のちまきは、ナラガシワとヨシの葉で包む独特の製法が伝わっており、全国的にも珍しい。田植え後の労い（ねぎらい）として食べられていたほか、里帰りの際の土産や贈り物としても用いられている。

モダニズム・現代建築

　温泉街・郊外リゾート・郊外住宅地として、大正から昭和にかけて急速に発展した宝塚には、多くの**モダニズム建築**[*7]がつくられた。

　宝塚でモダニズム建築を多く手がけた建築家に古塚正治がいる。古塚は西宮出身で、早稲田大学の建築科を修了したのち、2年余り欧米に滞在して建築を実地見学した。その海外留学の成果を遺憾なく発揮した建物が、1926（大正15）年に竣工した旧宝塚ホテル（現存せず）である。急勾配の切妻屋根をもつ山荘風のデザインは郊外リゾートのイメージを決定づけ、宝塚南口のランドマークとして親しまれた。これに続いて古塚は、宝塚旧温泉（現存せず）、六甲山ホテル、中州のダンスホール宝塚会館（現存せず）、雲雀丘の正司家住宅洋館（旧・徳田邸）などを次々と設計した。NHK連続テレビ小説『ふたりっ子』のロケーションに使われた正司家住宅洋館は、1932（昭和7）年ごろの建築で、ドーム屋根や軒下タイルの市松模様など、古塚の創意による装飾が目を引く。同時期に建てられ

正司家住宅洋館（雲雀丘）

高碕記念館（雲雀丘）

＊7　**モダニズム建築**　19世紀末から20世紀初頭にかけて起こった芸術運動の一つで、伝統的な装飾様式から解放され、合理的・機能的な建築を理想とした。

た正司家住宅和館とともに、国の登録有形文化財である。

大正時代に開発された雲雀丘・花屋敷地区には、大正・昭和初期の住宅が今も見られる。高碕(たかさき)記念館（旧・諏訪家住宅）は、関西学院や神戸女学院の校舎も手がけたアメリカ人建築家のW・M・ヴォーリズが設計。1923（大正12）年に医師・諏訪瑩一の自宅として建てられ、後に実業家の高碕達之助が住居としたが、現在は東洋食品研究所の迎賓館「高碕記念館」となっている。雲雀丘・花屋敷地区ではこのほか、高添家住宅洋館・和館・土蔵・木戸門、栗原家住宅主屋、日下家住宅主屋・表門・中門・東門、石田家住宅主屋・屋敷門が国の登録有形文化財である。

大正－昭和期の和風住宅としては、宝塚南口の山田家住宅主屋が、洋風住宅としては桜ガ丘の旧松本安弘邸（市立中央図書館桜ガ丘資料室）が、それぞれ国の登録有形文化財となっている。

小林聖心女子学院本館は1927（昭和2）年の竣工で、F・L・ライトのもとで働いていた建築家A・レーモンドの手による。ミッションスクールらしく簡素な美を追求した名建築で、国の登録有形文化財である。また、レーモンド設計の住宅としては、逆瀬川にプライス邸（ウィルキンソンの娘の住宅）があったが、1980年代に解体されて姿を消した。

宝塚文化創造館（宝塚音楽学校旧校舎）は、モダニズム建築の文化的価値を生かして再生・活用した好例である。1935（同10）年に宝塚公会堂として建てられ、長らく宝塚音楽学校の校舎として使われた。日本の近代化に貢献し、歴史文化的価値を有する建造物として、2009（平成21）年に経済産業省の「**近代化産業遺産**」[*8]に認定された。なお、建築物ではないが、宝塚にはもう1件、近代化産業遺産がある。千苅水源池から水道水を送る導水路のうち、武庫川を渡る水道橋の「武庫川第一～第三橋梁（神戸水道橋）」である。

宝塚ゴルフ倶楽部の壁画

＊8　**近代化産業遺産**　日本の近代化に貢献し、歴史文化的価値を有する建造物や機械装置などを『近代化産業遺産』として経済産業省が認定。2007（平成19）年と2009（同21）年に各33件（計66件）の近代化産業遺産群が公表された。

宝塚カトリック教会

宝塚市庁舎

　戦後の現代建築では、ポストモダニズムの担い手として活躍した村野藤吾の作品が挙げられる。1959（昭和34）年に竣工した宝塚ゴルフ倶楽部のクラブハウスは、1階ロビーに大幅な改装が見られるものの、竣工時の家具やタイル壁画などがよく保存され、建築当初の面影を今に伝えている。

　宝塚カトリック教会は、大胆な造形による塔と屋根の曲線が目をひく。1965（同40）年の竣工時、設計者の村野藤吾は作品について「太平洋を漂い続けていた白鯨がようやく安住の地を見つけ岸辺に打ち寄せられたとでも申しましょうか」と書いている。村野の晩年の代表作ともいえる宝塚市庁舎は、1980（同55）年に完成。四角い建物に円形の議場を組み合わせた設計で、細部にまで行き届いた意匠が目を楽しませる。なお、村野は1942（同17）年に河内の古民家を清荒神に移築し、少しずつ手を入れながら自宅として住んだ。阪神・淡路大震災で被害を受けて解体されたことが惜しまれる。

　宝塚自然の家（旧・宝塚市青少年野外活動センター）の本館は、坂倉建築研究所大阪事務所の設計で1973（同48）年に完成した。坂倉準三はフランスで建築家ル・コルビュジエに師事し、パリ万博日本館の設計（1937年）で世界的な評価を得た。宝塚自然の家本館においては、幾何学的なエレメントで構成されたバルコニーや窓枠など、随所に独創性がうかがえる。

　宝塚温泉を市民や観光客などに広く楽しんでもらう施設として、2002（平成14）年に開館した市立温泉利用施設は、建築家の安藤忠雄が設計。コンクリート打ち放しの斬新なデザインで、現在は「ナチュールスパ宝塚」として利用されている。

第3章　宝塚の歴史

宝塚市内の指定文化財

2024年3月31日現在

分類	名称	指定区分		所在地
寺社	木造十一面観世音菩薩立像	国指定	彫刻	中山寺 中山寺2丁目11-1
	木造薬師如来坐像			
	木造聖徳太子坐像（付経机・経巻・台座・礼盤）			
	木造大日如来坐像			
	中山寺本堂	県指定	建造物	
	中山寺護摩堂			
	中山寺大門			
	木造脇侍十一面観音立像		彫刻	
	木造薬師如来坐像	市指定	彫刻	
	木造愛染明王坐像			
	銅製鰐口		工芸	
	鉄製吊燈籠			
	豊臣秀頼筆「豊国大明神」神号		書跡	
	町石		考古資料	
	星下り祭		無形民俗	
	絹本著色千手観音像	国指定	絵画	清荒神清澄寺 米谷字清シ1
	絹本著色釈迦三尊像良全筆			
	木造大日如来坐像		彫刻	
	富岡鉄斎筆「富士山図」	市指定	絵画	
	清荒神清澄寺自然林		天然記念物	
	イチョウ2本			
	八幡神社本殿	国指定	建造物	八幡神社 波豆字谷田東掛2
	石造鳥居	県指定		
	五輪塔			
	宝篋印塔			
	板碑		考古資料	
	宝篋印塔	市指定	建造物	
	八幡神社本殿	国指定	建造物	八幡神社 中筋2丁目6-3
	素盞嗚神社本殿	県指定	建造物	素盞嗚神社 長谷字道谷4
	素盞嗚神社本殿（付相殿）	県指定	建造物	素盞嗚神社 高司2丁目14-16
	木造釈迦如来坐像	市指定	彫刻	平林寺 社町4-7
	石造露盤		考古資料	
	一尊種子板碑	市指定	考古資料	八王子神社 中筋6丁目8-2

分類	名称	指定区分		所在地
寺社	木造不動明王坐像	市指定	彫刻	大宝寺 平井2丁目16-15
	宝篋印塔		建造物	
	木造不動明王坐像	市指定	彫刻	普門寺 境野字井手7
	制札	市指定	考古資料	皇大神社 小浜5丁目4-4
	皇大神社本殿	県登録	建造物	
	八坂神社本殿	市指定	建造物	八坂神社 平井2丁目16-14
	宝篋印塔	県指定	建造物	普明寺 波豆字向井山1-26
	笠塔婆	市指定	建造物	
	厨子扉絵		絵画	
	板碑		考古資料	
	社号標石	市指定	考古資料	売布神社 売布山手町1-1
	売布神社社叢		天然記念物	
	木造十一面観音立像	市指定	彫刻	泉流寺 山本台1丁目5-18
	ケトロン祭	市指定	無形民俗	宝山寺 大原野字堂坂53
	大堂（廃観音寺本堂）	市指定	建造物	大原野
	伊和志津神社本殿	市指定	建造物	伊和志津神社 伊子志1丁目4-3
	松尾神社本殿	市指定	建造物	松尾神社 山本東1丁目9-1
	天満神社本殿	市指定	建造物	天満神社 山本西1丁目5-33
	素盞嗚命神社の社叢	市指定	天然記念物	素盞嗚命神社 大原野字南宮1
	センダン	市指定	天然記念物	妙玄寺 中筋3丁目1-6
	タラヨウ	市指定	天然記念物	阿弥陀寺 大原野字上良7
	満願寺自然林	市指定	天然記念物	満願寺 切畑字長尾山5丁目
古墳	中山荘園古墳	国指定	史跡	中山荘園12
	白鳥塚古墳	県指定	史跡	中山寺境内
	万籟山古墳	市指定	史跡	切畑字長尾山
	安倉高塚古墳	市指定	史跡	安倉南1丁目
	旧清遺跡金堂跡	市指定	史跡	売布きよしガ丘
	切畑群集墳1墳	市指定	史跡	雲雀丘山手
	五ケ山4号墳	市指定	史跡	仁川高丸3丁目

第3章 宝塚の歴史

分類	名称	指定区分		所在地
古墳	中筋山手東2号墳	市指定	史跡	中筋山手4丁目
	平井古墳群B-39・40・41・45・46号墳	市指定	史跡	平井山荘
	中筋山手古墳群1号墳	市指定	史跡	中筋山手2丁目
	長尾山古墳	市指定	史跡	山手台東1丁目
近代建築・土木	小林聖心女子学院本館	国登録	建造物	小林聖心女子学院塔の町125
	山田家住宅主屋	国登録	建造物	南口
	正司家住宅洋館・和館	国登録	建造物	雲雀丘
	市立中央図書館桜ガ丘資料室（旧松本安弘邸）	国登録	建造物	桜ガ丘
	高添家住宅洋館・和館・土蔵・木戸門	国登録	建造物	雲雀丘山手
	栗原家住宅主屋	国登録	建造物	雲雀丘
	日下家住宅主屋・表門・中門・東門	国登録	建造物	雲雀丘
	石田家住宅主屋・屋敷門	国登録	建造物	雲雀丘
	旧高碕家住宅主屋（高碕記念館）	国登録	建造物	雲雀丘
	宝塚文化創造館（旧宝塚音楽学校校舎）	近代化産業遺産		武庫川町6-12
	武庫川第一橋梁	近代化産業遺産		
その他	旧東家住宅	県指定	民俗	市立宝塚自然の家 大原野字松尾1
	宝篋印塔	県指定	建造物	長谷
	裟襷文銅鐸（中山荘園）	県指定	考古資料	
	丸山湿原群	県指定	天然記念物	玉瀬ほか
	宝篋印塔（大堂）	市指定	建造物	大原野
	宝篋印塔（薬師堂）	市指定	建造物	
	宝篋印塔	市指定	建造物	波豆
	阿弥陀石龕	市指定	建造物	大原野
	旧和田家住宅	市指定	建造物	米谷1丁目8-25
	木造大日如来坐像	市指定	彫刻	大原野
	地蔵石仏（万年坂）	市指定	彫刻	花屋敷つつじガ丘
	地蔵石龕	市指定	考古資料	波豆
	旧清遺跡出土遺物	市指定	考古資料	
	寛文八年紀年銘道標	市指定	歴史資料	安倉南4-13
	近世絵図（附・文書2冊）	市指定	歴史資料	
	西谷地区のちまきの食文化	市指定	無形民俗	
	松尾湿原	市指定	天然記念物	大原野
	カヤ	市指定	天然記念物	下佐曽利

宝塚の伝説と民話

塩尾寺（えんぺいじ）と宝塚温泉

　昔、宝塚の川面（かわも）あたりに、一人の女が住んでいた。50歳を過ぎたころから吹き出物に悩まされるようになり、治療をしてもいっこうに良くならない。そこで、日ごろから信仰している中山寺の観音さまに、朝夕お参りして病が治るよう祈願した。

　ある夜、観音さまが夢枕に立ってこう告げた。

　「前世にお前は長者の娘であったが、心が狭く、わがままな人間であった。その吹き出物は、家で働いていた娘をいじめ、死に追いやったがゆえのたたりである。しかし、永年の信心で罪は償われた。鳩ケ淵（はとがぶち）の下手（しもて）に柳の大木がある。木の下を掘りなさい。そこから出てきた水をわかして入ると、吹き出物は治るであろう」

　夜が明けると女はすぐに鳩ケ淵に駆けつけた。柳の下を掘ってみると、まもなく水がわき出してきた。なめてみると塩からい。それは酸（す）い水、鹹（しおから）い水であった。その水をわかして入ってみると、吹き出物が引き、熱っぽさもとれてきた。二度三度と続けるうち、病いはすっかり治った。

　女は観音さまに深く感謝し、柳の大木で観音像を彫って塩尾寺にまつった。これが塩尾寺の本尊の十一面観音の由来であり、このときわき出た鹹（しおから）い水が、宝塚温泉の元湯であると言い伝えている。

鹿の鏡井戸

　仁川の下流に鹿塩（かしお）という里がある。昔、この地にはたくさん鹿がすんでいて、奈良の春日大社の神の使いとして、里と春日大社を行き来していた。

　里の神社で祭りがあった日のこと、春日大社から使いの雄鹿と雌鹿が、供物を持ってやってきた。2頭の鹿は里の人々から歓待を受け、祭りの輪に加わった。やがて、雌鹿は旅の疲れからか眠ってしまった。寝ている雌鹿を起こすのはかわいそうだと思った雄鹿は、友だちに会いに行った。

　しばらくして目を覚ました雌鹿は、雄鹿がいないのに驚き、あちらこち

ら探したが見当たらない。悲しい思いで神社の裏山に行き、水を飲もうとして井戸をのぞき込んだ。すると、井戸に雄鹿の姿が見えたので、喜びのあまり飛び込んでしまった。水に映った自分の姿を雄鹿と間違えたのである。あわれな雌鹿はおぼれて命を落とした。

　里の人々は深く悲しみ、雌鹿を井戸から引き上げて、塩で包んで春日大社に送り返した。雌鹿には「かなしくも　みるや雄鹿の　みずかがみ」という歌が添えられた。一方の雄鹿は妻の死を悲しみ、自分の愚かさを悔やんだが、もうどうにもならない。井戸の周りから離れず、ついにはそこで死んでしまった。

　里の人々は鹿の愛情の深さを思い、塚を立てて霊を弔った。この塚は「鹿の一里塚」、雌鹿がのぞき込んだ井戸は「鹿の鏡井戸」と呼ばれるようになった。また、里では祭りに一切塩を使わなくなったことから、「しおたち祭り」と呼ぶようになった。地名の鹿塩も、鹿を塩漬けにしたことに由来すると言われている。

毫摂寺の亀姫

　小浜の毫摂寺は「小浜御坊」とも呼ばれる格の高い寺であった。ある日、豊臣秀吉の甥の秀次一行が、有馬湯治の途上、この寺に立ち寄った。住職は秀次を手厚くもてなし、娘の亀姫をあいさつにやった。すると、姫の美しさに心を奪われた秀次が側室にしたいと言い出した。亀姫は申し出を受け入れて側室となり、京に移り住んだ。乱暴者と悪評高い秀次であったが、亀姫にはやさしい気遣いをみせ、幸福な生活が続いた。亀姫には実家の地名をとって「小浜の局」と名乗らせた。

　実子に恵まれなかった秀吉は、秀次を養子に迎えて後継者にしようと考えていた。秀次は朝廷から位を授けられ、関白の座に就いて将来が期待されていた。しかし、秀吉と側室・淀の間に、実子の秀頼が生まれると、秀次は安穏としていられなくなった。秀吉は秀頼を後継者にしたいと考え、秀次を遠ざけるようになったからである。そんなある夜、秀次はささいなことから通りがかりの人を切り捨ててしまった。京の町で毎夜のように起っている辻斬りは、すべて秀次の仕業だと人々はうわさ話をした。うわ

さ話はすぐに秀吉の耳に入った。

秀次をうとましく思っていた秀吉は、「謀反の疑いあり」として、秀次の切腹と一家の皆殺しを命じた。数日のうちに、秀次は高野山で切腹（一説では自害した）。妻や側室、子どもら30人余りが京の三条河原に集められ、首をはねられた。

亀姫もまた、一族とともに殉じた。さらに、亀姫の実家の毫摂寺まで、秀吉の家来によってことごとく焼かれてしまったという。

宝山寺のケトロン

その昔、紀州有田の村の寺に、りっぱな十一面観音菩薩があった。ある日、この観音菩薩が「海へ出ると災難がある。山へ逃れなさい」と告げたので、村人は大急ぎで山に避難した。すると大地震が起こり、沖から津波が押し寄せて、海岸近くにあった村々は大波に飲み込まれてしまった。命を救われた村人はお礼に行こうとしたが、寺も観音菩薩も津波にさらわれ跡形もなくなっていた。

数年後、摂津の鳴尾浜に住む海女が、海岸の岩場で光るものを見つけた。近づいてみると、十一面観音菩薩の像である。「日ごろの信心が通じたからだ」と思った海女は、持ち帰って大事にまつった。

あるとき、このあたりで悪病がはやった。村人が海女の家の観音菩薩に願かけをしたところ、悪病が次々と治まっていった。そこで、観音菩薩に感謝の気持ちを表そうと灯籠をつくり、お供えをしてまつった。ところが、祭りの最後が近づくと、1羽の白い鳥が現れ、観音菩薩像をくわえて北の方へ飛び去って行った。白い鳥は宝塚北部の玉瀬にある古宝山に飛来し、堂に観音菩薩像を置いていった。その夜、観音菩薩像に気づいた玉瀬の村人は、大切におまつりしたという。

ある年の夏、西谷の大原野で病がはやった。大原野の村人は、観音菩

ケトロン　写真提供：宝塚市教育委員会

薩像がある古宝山に向かい、病が治るように拝んだ。すると天馬が現れ、観音菩薩像を宝山寺に運んだ。その途中、天馬は岩上に降り、宝山寺の下にある池で足を洗って宝山寺に入った。天馬が下りた岩はのちに「馬の足洗い跡」と呼ばれるようになった。大原野の村人は、鳴尾の村のできごとを伝え聞いていたので、大きな灯籠をつくって観音菩薩に供え、病気の治癒を祈願した。すると、病はみるみるうちに治まった。このことから、大原野の村人は毎年8月に宝山寺境内で灯籠会「ケトロン」を行うようになったという。ケトロンは現在、宝塚市の無形民俗文化財に指定されている。

怪力の武者、坂上頼継

　宝塚の山本には、坂上田村麻呂を祖とする武士団がこの地を開拓したという言い伝えがある。坂上氏は多田源氏の御家人で、源満仲に従ってこの地にやってきた。

　平安時代後期、坂上氏を率いた頼継は身長が6尺（約180cm）もある大男で、近辺では並ぶものがないほどの怪力の持主であった。

　頼継の活躍の一つに、陸奥国の豪族・安倍氏との合戦がある。東北地方で勢力をふるっていた安倍頼時に謀反の動きありとして、朝廷は源義家に出兵を命じた。しかし、安倍氏の砦は堅く、いくら攻め込んでも崩すことができない。それどころか、頼時の子の貞任の勇猛な軍勢に押されて義家は多くの家来を失い、進退きわまるところまで追いつめられた。義家軍に加わっていた頼継は、この危機的な状況で勇猛果敢に敵の兵を切り倒して退け、ついには貞任軍に勝利した。

　のちに前九年の役（1051－1062年）と呼ばれたこの戦での活躍により、頼継はのちの世まで「坂武者」と誉めたたえられたという。晩年、頼継は山本で隠居住まいし、出家して大蓮坊と号した。園芸を好んで山本の植木業の先駆けとなったともいわれている。

美女丸と幸寿丸

　川西市の飛び地となっている満願寺には、源氏ゆかりの藤原仲光、美女丸（美丈丸ともいう）、幸寿丸の石塔が並んでいて「三廟」と呼ばれている。

3つの石塔には、次のような伝説がある。

源満仲(みなもとのみつなか)の末子の美女丸は、親も手を焼くほどの腕白(わんぱく)であった。困り果てた満仲は、波豆(はず)に住む弟の満政(みつまさ)に美女丸を預けたが、行いは少しも良くならない。満政も美女丸を扱いかねて、中山寺で僧の修行をさせることにした。当初は静かにしていたものの、中山寺でも美女丸のわがままは治まらなかった。これでは寺に置けないと、僧たちは美女丸を多田院へ引き取るように頼んだ。

満仲は、屋敷に戻ったわが子と久しぶりに対面して驚いた。わがまま放題が過ぎて学問を身につけておらず、14歳にもなったというのに字は読めない、歌も楽器もできない。激怒した満仲は「お前のような者は生きていても仕方がない。さあ、首を差し出せ」といって刀を抜いた。その場にいた家臣の藤原仲光が必死に押しとどめたが、怒りが収まらない満仲は「この刀で美女丸の首をはねよ」と命じて去っていった。

仲光は、自分の屋敷に美女丸を連れ帰ったものの、思案にくれた。主君の満仲が「斬れ」と命じた以上、家臣は従わなくてはならない。しかし、目の前で意気消沈している美女丸を見ていると、手にかける気にはなれない。美女丸を救うことはできないものかと悩んでいると、息子の幸寿丸が進み出て言った。

「私が美女丸さまの身代わりになりましょう。父上、私の首をはねて殿さまに差し出してください」

主君の命を救うことは武士の栄誉であると言い聞かせてきただけに、幸寿丸の決意は天晴れであった。仲光は心を乱し苦悩しながらも、「よくぞ申した」と幸寿丸を誉めた。

翌日、仲光は幸寿丸の首を携えて多田の屋敷に向かった。仲光が「美女丸さまでございます」と言って首を差し出すと、さすがの満仲も直視することができず、無言で屋敷の奥に下がった。

幸寿丸が自分の身代わりになったことを知った美女丸は、ようやく自分の愚かさに気づき、心から仲光に謝罪して比叡山(ひえいざん)に入った。美女丸は修行に励み、朝な夕なに幸寿丸の菩提(ぼだい)を弔(とむら)った。

やがて美女丸は立派な僧となり、源賢(げんけん)と名を改めた。あるとき、源賢は師の恵心(えしん)とともに多田院を訪ねた。仏事が終わり、恵心が満仲に源賢を引

第3章 宝塚の歴史

き合わせると、満仲はわが子の面影を見つけて驚いた。何年も前に死んだはずの美女丸にそっくりだったからである。事の次第を聞いた満仲は、すぐに家臣の仲光を呼び、幸寿丸の首をはねさせたことを深く詫びるとともに、親子の忠義心をたたえたという。

満願寺の三廟

　源賢が亡くなったとき、藤原仲光と幸寿丸の献身を語り継ごうと、満願寺に3人の墓を並べて建てたと伝わる。

第4章

多様な自然

武庫川渓谷（左岸は旧国鉄福知山線の廃線敷）

桜の園　写真提供：森本敏一

逆瀬川の砂防堰堤　自然玉石積み流路工

ギフチョウ（B）

ミヤマアカネ（C）

カワセミ（要注）

宝塚市のすがた

活断層によって生まれた地形

　宝塚市域は、面積約102km²で、東西約13km、南北約21kmと、南北に細長く延びている。西側は西宮市・神戸市北区・三田市、東側は川辺郡猪名川町・川西市・伊丹市と接しており、内陸部に位置する。

　宝塚の地形は南北で大きく異なる。

　北部は起伏に富んだ地形で、北摂山地の山々が連なり、武庫川や猪名川の支流が渓谷を形成している。北部の西谷地区を流れる河川は山間地にしては勾配がゆるいのが特徴で、ゆったりとした**谷底平野**[*1]が発達している。切畑・大原野・波豆・長谷などの集落が点在する西谷地域には、山間小盆地が見られる。

　南部の地形は大きく３つに分かれる。長尾山地と六甲山地と**大阪平野**[*2]である。北摂山地に連なる長尾山地は宝塚市域の中心部にそびえ、西側には六甲山地の急勾配がせまっている。この長尾山地と六甲山地がぶつかる谷間に武庫川が流れ、宝塚駅付近で大阪平野に抜けている。宝塚南部の平野部は、武庫川が運んだ土砂が堆積して扇状地を形成している。武庫川両岸には武庫川低地が広がり、周辺には南東部の伊丹台地、川面・御殿山一帯の宝塚段丘、阪急今津線西側の上ヶ原台地、さらに西の甲山周辺丘陵といった河岸段丘が見られる。特徴的な地形のひとつが小浜地区西側に見られる崖地である。この崖は伊丹台地の西端にあたり、北から流れてきた大堀川が台地の地形に沿って湾曲しながら南流しているのがよくわかる。

　長尾山地と大阪平野の境界には、ほぼ東西方向に**有馬－高槻断層帯**[*3]がのびている。有馬－高槻断層帯は数多くの断層の集合体で、その周辺にも

[*1] **谷底平野**　「こくていへいや」「たにそこへいや」ともいう。谷間に流れる川床に、堆積または浸食によって生じた平地。幅１〜２km以下の狭長な谷間に見られる。
[*2] **大阪平野**　兵庫県の南東部から大阪府の中央部にまたがる平野部を大阪平野と呼ぶ。宝塚市が位置する大阪平野の北西部は、武庫平野、西摂平野ともいう。
[*3] **有馬－高槻断層帯**　かつて「有馬－高槻構造線」とも呼ばれたが、近年は「有馬－高槻断層帯」の名称が一般的である。

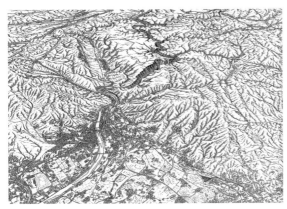

武庫川と扇状地　『宝塚市史』第一巻より

たくさんの活断層が走っている。宝塚駅以東では、これらの活断層が動いたことにより、北側の長尾山地が隆起した。このため、有馬－高槻断層帯を境に、南北の高度と起伏の違いが生まれた。また、玉瀬南方1km付近には十万辻断層がある。

一方、宝塚駅西側の六甲山地も同じく、たくさんの活断層の運動によって隆起した。宝塚は六甲山地の東の端で、南北方向の断層により、勾配のきつい急ながけ地が形成された。

近年は都市化と宅地化による造成が進み、こうした自然地形の多くが失われつつある。

北摂（長尾）山地と六甲山地

市域北部の約6割を占めている北摂（長尾）山地は、標高300〜500mの峰が連なっている。市街地の住宅地北側にそびえる中山山系の最高峰は標高478mの中山。市域のほぼ中央に位置する大峰山系は、標高552mの大峰山のほか、検見山、安倉山など標高400mを超える峰が続く。さらに北側には、古宝山系・布見ヶ岳山系・竜王山系・今井岳山系が連なる。

北摂（長尾）山地の大半は有馬層群からなる。有馬層群は大規模な火山噴火によって形成された地層で、活発な火山活動の影響で周辺に鉱脈鉱床を形成した。宝塚市北部から川西市・猪名川町一帯に広がる多田銀銅山は、有馬層群の火山活動に伴って形成されたと考えられている。宝塚北部の猪名川町境付近に、千本・駒宇佐・小幡などの坑道があり、かつて銀や銅などの鉱石を産出したが、現在はいずれも閉山している。また、北摂（長尾）山地には、火山岩の流紋岩が多く見られる。すみれガ丘・御殿山周辺にはかつて砕石場があり、流紋岩が採取されていた。川面字長尾山には現在も

第4章　多様な自然

大規模な砕石場がある。

　南西部の六甲山地は傾斜がきつく、岩倉山・譲葉山(ゆずりは)・岩原山・行者山(ぎょうじゃ)が連なっている。このうちの岩原山は標高573mで市内最高峰である。六甲山地の大部分は、花崗岩からなっている。花崗岩は、地下深くでマグマがゆっくり冷え固まって形成された。武庫川沿いの見返り岩や丁字ガ滝およびその周辺では、この花崗岩の岩盤が見られる。

宝塚の山と川

まちを潤す川

武庫川水系と猪名川水系

　宝塚市域は2つの流域に大別される。市域の大半は武庫川水系に属し、市北東部の猪名川町や川西市との境界付近は猪名川水系に属する。

　武庫川は全長約65.7kmで、兵庫県内では6番目に長い**二級河川**[*4]である。篠山盆地の小川に始まり、いくつもの流れを集めて水量を増し、大阪湾に注ぐ。

　源流域の篠山盆地は標高200mほどで、武庫川全長の中間に位置する三田盆地まで勾配はゆるやかである。しかし、神戸市北区の道場辺りで三田盆地を抜けると勾配がきつくなり、切り立った急斜面がせまるV字渓谷となる。武庫川渓谷（武田尾渓谷ともいう）では、中流であるが上流のような荒々しい流れと景観を呈するのが特徴である。このV字渓谷は隆起した山を川が削って形成したもので、武庫川が先行河川の典型であることがわかる。武庫川渓谷を出ると、宝塚駅付近で武庫川は大阪平野の北西部に流れ出し、一気に穏やかな流れとなる。ここでは山中から運んできた土砂を堆積させ、扇状地を形成してきた。つまり、宝塚駅付近は扇状地の扇の要の位置に当たっている。

　武庫川には、大小さまざまな河川が流れ込んでいる。武庫川**右岸**[*5]に注ぐのは、上流から順に観音谷川・塩谷川・亥の谷川・支多々川・逆瀬川・川西川・仁川など。武庫川**左岸**[*5]に注ぐのは、上流から順に波豆川（はず）・川下川（かわしも）・僧川（そう）・惣川（そう）・一後川（いちご）・荒神川・大堀川・天王寺川などである。また、波豆川（はず）の支川に佐曽利川（さそり）があり、天王寺川の支川に勅使川（ちょくし）・足洗川・天神川などがある。

　宝塚市域の猪名川水系には、西谷地区の大ツラ川と宝塚市南東部の最明寺川、芋生川などがある。猪名川は猪名川町の大野山を源流とし、兵庫県

第4章　多様な自然

[*4]　**二級河川**　一級河川は、国土保全上または国民経済上で特に重要な水系の河川で国土交通大臣が管理する。二級河川は、一級水系以外の水系で公共の利害に重要な関係がある河川で都道府県知事が管理する。

[*5]　**右岸・左岸**　河川の上流から下流に向かって眺めたとき、右側を右岸、左側を左岸という。

143

最明寺滝（落差約11m）
写真提供：森本敏一

と大阪府の両地域を南流しながら支川を集めて神崎川に合流する。

六甲山地や長尾山地の急斜面から大阪平野に流れ込む河川の多くは、典型的な天井川となっている。天井川とは、堤防内に大量の土砂が堆積して川床が周辺の平野面より高くなった川をさす。川底が高くなると大雨によって氾濫しやすいため、人々は堤防を高く築いて水害に備えた。しかし、堤防を高くしたことで土砂の堆積が進み、さらに堤防をかさ上げするという繰り返しが行われた。こうして形成されたのが天井川である。現在では、川はコンクリートで固められ、砂防事業の進展によって流出土砂量が減ってきている。

また、市街地の背後に連なる断層崖で、河川は滝となって流れ落ちる。六甲山地では丁字ガ滝（長寿ガ丘）、北摂（長尾）山地では龍王滝（清荒神清澄寺）や最明寺滝（最明寺川）が知られている。

武庫川の利水と治水

稲作が始まったころから、川は水田への水の供給源として利用された。武庫川流域の村々でも取水のための施設をつくり、用水路を網目のようにはりめぐらして川から離れた水田へ水を引き込んだ。取水のための施設とは川の堤防に設置する樋などをさすが、近世には施設全体を「井（ゆ、い）」と呼んだ。樋や用水路をつくるには多くの労力を要するため、近隣の村々は井組と呼ばれる組織をつくって、共同で整備・利用・維持管理にあたった。宝塚市域では、武庫川右岸の伊孑志・小林・蔵人の3村が井組をつくり、共同で取水していた。

近世には、川はエネルギー源としても活用されてきた。伊孑志では遅くとも1749（寛延2）年に逆瀬川での水車業が起こり、約200年間にわたって油搾りや精米などに利用された。同じころ、小林や蔵人でも水車が設置され、精米や素麺用の粉ひきに使われた。

明治後期、急速に都市化が進んだ神戸市では水の需要が増し、新たな水源池として武庫川上流（現在の宝塚市・神戸市北区・三田市にまたがる地域）に、千苅貯水池整備を計画した。予定地の波豆村では住民による反対運動も起こったが、1919（大正8）年に千苅貯水池堰堤構築工事が竣工し、さらに1931（昭和6）年にこの堰堤のかさ上げ工事が完了。これによって、波豆村の家屋22戸のほか、田畑や山林がダム湖の底に沈んだ。

　宝塚市は、1971（同46）年、水源として武庫川支流の川下川に玉瀬ダムを建設した。その後、1977（同52）年に川下川ダムを建設。これにより、玉瀬ダムは川下川ダムのダム湖に水没した。

　近代以降の川の利用としては、1964（同39）年に完成した宝塚観光ダムがある。ダムの設置で武庫川の水量の安定化を図るとともに、かつては手漕ぎボートが川面を賑わせた。1969（同44）年に観光ダムのやや上流に設置された観光噴水は、2001（平成13）年に新設され、「ビッグ・フェニックス」の愛称が付けられた。

　このように宝塚市域では武庫川の恩恵を受けてきたが、水害も少なくなかった。武庫川は武庫川渓谷の急流を経て宝塚駅付近で一気に平野部へと流れ出るため、上流で大雨が降ると山間地で土砂を削り取り、しばしば土石流を発生させた。近世以降では、慶長年間（1596－1615）と

完成した観光ダム（1964年）
写真提供：宝塚市

1655（明暦元）年に武庫川が決壊した記録があり、以後、何度も洪水が発生して周辺の村々に被害を及ぼした。また、1897（明治30）年の水害では、旧宝塚温泉の共同浴場の建物が流出した。ホテル若水にある温泉再建の碑によると、浴室に掲げられていた扁額は、武庫川から大阪湾に運ばれ、泉州浜寺（堺市）の海岸に打ち上げられたという。

　武庫川流域の村々では、氾濫のたびに大きな被害を受けており、堤防の土砂留め整備や、かさ上げ工事を繰り返して治水対策を図ってきた。本格的な武庫川の改修工事が始まったのは、1920（大正9）年である。河口か

第4章　多様な自然

ら省線（現・JR東海道線）までの5kmを第1期、それより上流の逆瀬川合流点までの8kmを第2期として、川の蛇行をゆるやかにし、川幅を広げ、河床を掘り下げたほか、堤防を修築・新築した。第2期工事が完了したのは、1928（昭和3）年のことである。

伊子志の渡しと武庫川の橋

　明治になるまで市域の武庫川には、橋が架かっていなかった。川を渡るには浅瀬を歩くか、渡しを利用するほかなかった。中山寺から小浜宿（こはまのしゅく）を経由して西宮へ向かう道では、伊子志村に「船渡し」があった。現在の末広小学校と宝塚中学校のあたりで、当時、川幅150mの武庫川を往復していた。伊子志（いそし）の渡しは、1919（大正8）年ごろまで続いていたと伝えられている。

　宝来橋は1902（明治35）年ごろ、市域の武庫川に最初に架けられた橋だとされる。この橋は洪水で幾度となく流されて架け替えられ、現在のS字橋が1994（平成6）年に完成した。フランスの彫刻家マルタ・パンのデザインで、橋をS字に設計した。武庫川の右岸と左岸の高低差を緩和するためだが、橋が描く優美な曲線がまちの景観づくりにも貢献している。

　宝塚南口と武庫川町を結ぶ宝塚大橋は、1933（昭和8）年に完成した。自動車が通れる橋としては宝塚初で、当初は宝塚新橋と呼ばれた。現在の宝塚大橋は1978（同53）年に架け替えられたもので、全国初のガーデンブリッジである。歩道の幅が広く、車道との間に植栽帯を設け、彫刻やベンチが設置されている。2017（平成29）年度から耐震補強工事が実施されるとともに新デザインが採用され、新たに中央眺望・休憩エリアや橋詰広場

伊子志の渡し碑（武庫川対岸左手は市役所庁舎）

宝来橋

が設けられた。

　市役所横の宝塚新大橋は、1960（昭和35）年に誕生した。また、最も南の武庫川新橋は、1994（平成6）年に完成した。橋の中央部には、伊丹市との市境がある。宝来橋の上流、西宮市域に架かる生瀬水管橋は、宝塚市の水道管に設けられた管理用通路である。全長99m、幅70cm。武庫川を渡る便利な橋として近隣住民に利用されているが、その狭さとレトロな雰囲気を体験したいと訪れる人も。宝塚の隠れた名所である。

　ところで、宝塚には姿を消した幻の橋が2つある。宝来橋の約300m下流に、1910（明治43）年に架けられた迎宝橋は、宝塚で2番目の橋であったが、何度かの流失・再建の後、1950（昭和25）年の洪水で流されてからは再建されていない。また、宝来橋の上流約600m付近には、私設の千歳橋があった。この橋は1921（大正10）年に架けられたが、1945（昭和20）年の洪水で流されて以来架け替えられていない。

宝塚大橋

千歳橋　写真提供：宝塚市立中央図書館

逆瀬川の砂防

　武庫川に流れ込む逆瀬川は、かつては大雨のたびに氾濫し、流域に水害をもたらす暴れ川であった。逆瀬川流域の六甲山地の花崗岩は、本来は硬く丈夫だが、活断層の周辺で繰り返し起こった地殻変動により破砕されたことに加え、長年の風雨や温度差によって風化し、もろく崩れやすい「マサ（真砂）土」に変化した。さらに、近世以降は過剰な山林伐採により六甲山地の荒廃が進んだ。このため六甲山地に大雨が降ると、マサ土が水を吸って崩壊し、地滑りや崖崩れ、土石流を引き起こした。

明治から昭和初期にかけて、逆瀬川の中流から下流部は川幅が150〜200mもあり、大雨のたびに山から運ばれてきた土砂で覆われていた。普段は水流がほとんど見られず、大量の土砂が川を埋め尽くしていたことから「逆瀬川砂漠」と呼ばれるほどであった。また、上流の谷は、ひと雨で千石もの土砂がズリ落ちてくることから「千石ズリ」とも呼ばれていた。

　1892（明治25）年の大水害で深刻な被害が出たのをきっかけに、逆瀬川では上流部の崩壊斜面に階段状の林床をつくり、そこに植林するという山腹工事が行われた。これは六甲山系では初めての砂防工事であった。その後、大正時代にかけて、中流部で谷止工・床固工・堰堤工が整備された。

　さらに、1928（昭和3）年から1934（同9）年にかけて、白瀬川との合流点から武庫川に至る約2kmにおいて、本格的な砂防工事が行われた。「砂防の父」と呼ばれた赤木正雄の指導のもと、日本で初めての大規模な玉石積流路工を施工。流路工は川幅18m、延長5.4kmで、当時の石工技術の粋を集めた巨石積堰堤や鎧積堰堤など、日本の近代砂防史を物語る屈指の構造物106基が施工され、砂防技術の宝庫といわれている。砂防工事の完成まもない1938（同13）年、阪神大水害が発生した。六甲山南麓の住吉川や芦屋川で甚大な被害が出たのに対し、逆瀬川では砂防ダムが土石流をくい止めて被害が軽微となったことから、その治水効果が広く知られるところとなった。また、砂防工事で流路が安定した逆瀬川流域では、河原が整地されて住宅街が開発された。

　玉石積み流路の逆瀬川は非常に堅ろうで、生物の生息空間も当時の姿を

逆瀬川砂漠　写真提供：宝塚市

砂防のモニュメント（ゆずり葉緑地）

そのまま残しており、生物多様性が高く、各種の貴重種が確認されている。昆虫では、**兵庫県版レッドリスト**[*6] Aランクのヒメタイコウチ（A）、ゲンジボタル、ミヤマアカネ（以上C）など。植物ではヤガミスゲ（A）などの生育が確認できる。これら生き物の分布から、逆瀬川は**生物多様性**[*7]に富んだ生態系を形成していることがうかがえる。

現在、逆瀬川の上流に位置する公園「ゆずり葉緑地」には、砂防のモニュメントが整備されている。兵庫県の砂防事業100年を記念して、その発祥地である逆瀬川に建設されたもので、展示パネルから、砂防の歴史や砂防の働きを学ぶことができる。

なお、逆瀬川の砂防設備は日本で最初の大規模な自然石積み流路工事例であり、現在も当初デザインを保存しながら補修し続けていることから、2019（令和元）年に日本土木学会の土木遺産に選奨された。

第4章　多様な自然

---

*6　**兵庫県版レッドリスト**　絶滅のおそれがある野生生物種をリストアップし、その現状をまとめた報告書をレッドデータブック（RDB）という。兵庫県では1995（平成7）年に「兵庫県版レッドデータブック」が公表され、それ以降ほぼ10年間隔で分野ごとに改定し公表されている。兵庫県版レッドリスト（HRL）における貴重性の評価は、A·B·Cの順に低くなっている。さらに要調査種（要調）、要注目種（要注）などもある。

　兵庫県版レッドリストにおけるカテゴリ（昆虫の場合の設定。植物などにおいても準じており、兵庫県のホームページを参照されたい）。
　・**Aランク（A）**　環境省RDBの絶滅危惧Ⅰ類に相当。兵庫県内において絶滅の危機に瀕している種など、緊急の保全対策、厳重な保全対策の必要な種
　・**Bランク（B）**　環境省RDBの絶滅危惧Ⅱ類に相当。兵庫県内において絶滅の危機が増大している種など、極力生息環境、自生地などの保全が必要な種
　・**Cランク（C）**　環境省RDBの準絶滅危惧に相当。兵庫県内において存続基盤が脆弱な種
　・**要注目種（要注）**　最近減少が著しい種、優れた自然環境の指標となる種などの貴重種に準ずる種

以上の他に絶滅、要調査種のカテゴリもある。植物、鳥類など他分野でも準ずるランク設定がある。本書では、動植物の種名の後ろに（A）（B）（C）（要注）とランクを表示している。

*7　**生物多様性**　ひとつひとつに個性のある生命が、網の目のようにさまざまな関係でつながっていることをいう。さらに生態系の多様性、種の多様性、遺伝子の多様性の3つのレベルがある。

植 物

自然林と里山林

　古くから人が住み、土地利用が盛んであった宝塚は、自然本来の原生林は残っていない。人が手を入れる以前の市域は、照葉樹林が広がっていた。照葉樹林とはツバキ・シイ・カシ・クスなどの常緑広葉樹の林で、西表島から東北南部の低山部に広く分布している。宝塚市では山本の天満神社、松尾神社、満願寺、売布神社、中山寺奥の院、清荒神清澄寺（きよしこうじんせいちょうじ）、塩尾寺（えんぺいじ）、大原野の素盞嗚命神社（すさのおのみこと）、波豆（はず）の八幡神社などの社寺林に照葉樹林が見られる。このうち、清荒神清澄寺・売布神社・素盞嗚命神社・満願寺の社寺林は宝塚市指定の天然記念物である。ただし、社寺林は原生林ではなく、人の手で一旦は改変された後、長い歳月を経て原生林状態に戻りつつある森林である。

　六甲山の標高750m以上には夏緑林（かりょくりん）が広がっている。夏緑林は、九州の山地から北海道までの冷温帯域に分布する落葉広葉樹の森林である。六甲山頂部には、この夏緑林であるブナ・イヌブナ林が見られ、瀬戸内の臨海部の山としては非常に珍しい。宝塚市では西谷地区で数株のイヌブナが確認されており、極めて貴重である。

　人が炭や薪（たきぎ）、牛馬の飼料などを採取するために原生林に手を入れ、生活と結びついて利用・維持されてきたのが里山林（さとやまりん）（二次林）である。里山林は雑木林や照葉二次林、硬葉二次林、アカマツ二次林などがあり、宝塚市域に多いのは、コナラやアベマキの雑木林とアカマツ二次林である。コナラやアベマキは薪炭に利用され、アカマツは建築材や松ヤニ燃料として使われ、下草は家畜の飼料や農業肥料として刈り取られた。しかし、こうした里山林も1950年代に起こった燃料革命（森林資源に代わって石油やガス、電気が一般普及）によって利用されなくなり、荒廃が進んで、今や「里山放置林」といわれるようになった。

　一方で、森林面積は宝塚市域の約6割を占めており、都市の近郊にありながら、多様な生き物のすみかとなっている。中でも武庫川渓谷は、希少な生物が集中する生物多様性の高い生態系が成立している。ここは兵庫県

内最大のサツキ（A）の自生地で、渓谷の切り立った岩上によく見られる。また、アオヤギバナ・ヨコグラノキ・キヨスミギボウシ・ヒメウラジロ・ルリミノキ（以上A）、ツメレンゲ・イブキシモツケ（以上B）などの希少な植物も自生している。さらには景観としての価値も高く、兵庫県版レッドリストBランクに指定されている。

　武庫川渓谷の左岸沿いには、約40haの広大な宝塚市立自然公園「桜の園（亦楽山荘）」があり、ハイキングや学校の環境体験学習の場として活用されている。ここは、桜博士として知られた笹部新太郎が、1912（明治45）年ごろからサクラ類の品種保存や接ぎ木などの研究を行った演習林で、研究室と宿泊所を兼ねた小屋は「隔水亭」と称し、一部が現存している。一帯にはさまざまな品種のヤマザクラが保存されており、春のサクラ、秋の紅葉が見事である。

岩場に自生するサツキ

隔水亭（桜の園）

湿原とため池

　湿原は、宝塚市域の自然を特徴づける重要な生態系である。湿原でしか生息できない固有の生物種も多く見られ、生物多様性の高い環境となっている。湿原は主に西谷地区に分布しており、代表的なものに兵庫県指定天然記念物の丸山湿原群と宝塚市指定天然記念物の松尾湿原がある。いずれも湧水によって水分が補給される「湧水湿原」である。

　丸山湿原群は宝塚市と神戸市にまたがる県内最大規模の湧水湿原であり、大小合わせて5つの湿原が存在する。最大規模の第一湿原は約2,000㎡で、第2～第5湿原までの総面積は約4,000㎡である。兵庫県の天然記念物に指定され、兵庫県版レッドリストでは貴重な生態系としてAランク

に指定されている。

　松尾湿原は西谷地区大原野の宝塚自然の家の敷地内に存在し、小規模であるが貴重な動植物が多く見られる。一時は乾燥化傾向が見られたが、1998（平成10）年ごろから市民団体の宝塚市自然保護協会らが集水域の間伐や草刈りなどを行って里山再生手法による保全活動に取り組んだ。2003（平成15）年ごろからは市民団体の宝塚エコネットを中心に保全活動が積極的に展開されている。このような環境保全活動により、絶滅が危惧されている植物のサギソウ（B）・カキラン・ムラサキミミカキグサ・トキソウ（以上C）など、多くの貴重な湿原植物の生育が確認されている。

　宝塚市内には上記以外に小規模な湿原が北部でも南部市街地の林縁部でも確認されており、いずれも衰退しつつある。それでも絶滅が危惧されている希少植物が30種以上確認されている。ノハナショウブ（C）・サワギキョウ・ウメバチソウなどのほか、食虫植物のモウセンゴケ・ミミカキグサなども見られる。

　宅地開発などで著しく減少したが、宝塚には約580のため池があり（2020年現在）、水生植物の生息地となっている。中でも市北部のため池には、ミズニラ（B）・ノハナショウブ（C）など、学術的にも貴重な水生植物が確認されている。ため池や周辺の湿地では、ヒツジグサ・ジュンサイ・フトヒルムシロ・ヒメガマ・ヒメコウホネ・キセルアザミ・サワギキョウ・サワヒヨドリなどが見られる。

　宝塚の湿原や河川、用水路、水田には、80種ほどの水草が確認され、県内に自生する水草139種の半分以上が宝塚市域で見られる。そのうち、ヒメビシ（A）・シズイ・コガマ（以上B）など19種は、兵庫県版レッドリストA・B・Cランクのいずれかの指定を受けている。

サギソウ

サワギキョウ

動 物

昆虫

　宝塚市域で最も多様な昆虫が見られるのは、北摂山地の森林と農地が広がる西谷地区である。

　チョウ類では、ギフチョウ（B）やオオムラサキ（C）など。ギフチョウは本州だけに生息する日本の固有種で、春先に美しい姿を見せることから「早春の女神」と呼ばれる。宝塚自然の家ではギフチョウの飼育・放蝶など保全活動をしており、成虫の時期には一般公開している。

　ニイニイゼミ・クマゼミ・アブラゼミ・ツクツクボウシなどのセミ類は、市街地でよく見られる。ハルゼミ・ヒグラシ・ミンミンゼミ・チッチゼミなども市域で見られる。また、カブトムシ・クワガタムシ類などのほか、カナブン・シロテンハナムグリ・オオスズメバチ・ハンミョウなど3千余種が確認されている。

　六甲山地の仁川・逆瀬川周辺は、「日本でいちばん美しい赤トンボ」と言われるミヤマアカネ（C）の県内有数の生息地である。ミヤマアカネは透明な羽に茶色の帯が入っているのが特徴で、宝塚の市街地では比較的良く見かけるが、市立西山小学校や各種市民団体により、2003（平成15）年から10余年にわたってミヤマアカネ・リサーチ・プロジェクトが行われた。西山小学校のミヤマアカネ調査活動は、環境省の**ESD環境教育モデルプログラム**[*8]に兵庫県を代表して参加したことにより、全国的に知られた。また、ため池や湿地は、各種のイトトンボ類・ギンヤンマ類・シオカラトンボなどの生息地となっており、湿原では希少な**ハッチョウトンボ**（B）[*9]が確認されている。

　丸山湿原群と宝塚ゴルフ倶楽部ではこの地方の湿原を代表する昆虫の

---

*8　**ESD環境教育モデルプログラム**　ESDとは「持続可能な開発のための教育」の略で、文部科学省の協力のもとで環境省が取り組んでいる人材育成事業である。
*9　**ハッチョウトンボ**　世界一小さなトンボといわれ、成虫の体長は2cmほど。オスは成熟すると、体全体が鮮やかな赤色となる。丘陵地や低山地の湿原に生息するが、全国的に開発などによる環境改変が進んで著しく減少した。兵庫県版レッドリストBランク。

ハグロトンボ交尾中

ミヤマクワガタ

ミイデラゴミムシ(オサムシ上科)

ハッチョウトンボ（B）

ヒメタイコウチ（A）

ゲンジボタル

ヒメタイコウチ（A）[*10]が確認されている。同湿原でも確認されているハッチョウトンボは松尾湿原及び極めて小規模な湿原でも見つかることがある。

　初夏の風物詩として話題になる昆虫はホタルである。西谷地区には最もよく知られている大型のゲンジボタルが広く分布しているが、市街地には稀である。ところが宝塚市と宝塚ゴルフ倶楽部の共催により逆瀬川で実施している「ホタル観賞の夕べ」は、2日間で市民2,000人以上が参加する人気行事だ。また、逆瀬川沿いの「ピカピカランド」では市民団体が保全活動を行っており、近隣の小学校の環境体験学習の教材となっている。さらに、ヒメボタル（要注）が1998－2000（平成10－12）年に宝塚市で確認されており、西谷地区の波豆や武庫川渓谷などで飛翔する姿が見られる。

水辺の生き物

　宝塚市北部の自然の豊かさを特徴づける生き物に、サンショウウオ類がある。波豆川・羽束川では、国の特別天然記念物で渓流にすむオオサンショウウオ（B）が確認されている。小型のサンショウウオ類では、ヒダサン

[*10] **ヒメタイコウチ** カメムシ目タイコウチ科に属する水生昆虫。湿地や湿原、水田、ため池などの水際に生育するが、都市開発などにより急速に減少している。兵庫県版レッドリストAランク絶滅危惧種。

セトウチサンショウウオ（B）

ショウウオ（B）ややぶの中にすむ**セトウチサンショウウオ**（B）[*11]も見られる。

兵庫県内で生息が確認されているカエル類は15種で、そのうち12種が宝塚市内で見られる。カジカガエル・ツチガエル・ニホンアカガエル（以上C）のほか、ため池では6月にモリアオガエル（B）の姿が見られる。

カメ・ヤモリ・トカゲ・ヘビなどのは虫類は市内各地に生息しており、有毒のニホンマムシも見られる。

河川・ため池・水田には、淡水産貝類のタニシ・カワニナ・モノアラガイ・サカマキガイ・ドブガイ・シジミガイなどがいる。カワニナやモノアラガイは、ホタルの幼虫のえさとなっている。淡水魚では、オイカワ・ニゴイ・カマツカ・カワムツ・ギンブナ・ナマズ・ドンコ・ドジョウ・ミナミメダカなどが見られる。一方で、外来種のブルーギルやオオクチバス（ブラックバス）の移入による生態系への影響が心配されている。

野鳥・ほ乳類

鳥類は季節によって移動する渡り鳥と、スズメやカラスのように年中見られる留鳥に大別される。

渡り鳥で特徴的な事例は、アオバズク（フクロウ科）とサシバ（タカ科）である。宝塚北部の切畑・玉瀬・大原野などに4月ごろに渡来して繁殖し、9月から10月ごろに渡去する。いずれも食物連鎖の最上位の猛禽類であることから、営巣地にはえさとなる動物や昆虫などが豊富であることがわかる。また、長尾山地の上空はタカ科の秋の渡りコースとなっており、六甲山地の伊孑志の塩尾寺付近はサシバやハチクマの渡りの観測場所として知られている。武田尾に営巣しているトビのほか、クマタカ（A）、オオタカ・ノスリ・ツミ・ハヤブサ（以上B）、ハイタカ（C）の渡来も確認されている。

このほかの渡り鳥としては、ツバメ・オオルリ（要注）・キビタキ・ホト

[*11] **セトウチサンショウウオ** 本州の愛知県以西・四国・九州・壱岐島に生息するカスミサンショウウオが9種に再分類され、瀬戸内海沿岸地域に生息する種はセトウチサンショウウオと記載されるようになった。兵庫県版レッドリストBランク。

トギスなどの**夏鳥**[*12]が見られる。**冬鳥**[*13]では、武庫川やため池でよく見られるオシドリ（B）・ヒドリガモ・オナガガモなどのカモ類のほか、純白のユリカモメの大群も見られる。カシラダカ・ツグミ・ミヤマホオジロ・アトリ・マヒワ・キレンジャクなども見られる。

　宝塚市域でよく見られる留鳥は、スズメ・ハシボソガラス・ヒヨドリ・シジュウカラ・ウグイス・メジロ・カワラヒワ・キジバト・ムクドリなどである。水辺では、ハクセキレイ・キセキレイ・カワセミ（要注）・カイツブリ・バンなどが見られる。このほか、コサギ・アオサギなどのサギ類のほか、カルガモの営巣も見られる。

「水のマスタープラン」
シンボルのセグロセキレイ

　セグロセキレイは水辺でよく見られる留鳥として、宝塚市鳥（シンボル生物）に選ばれている。加えて、2014（平成26）年には宝塚市の「水のマスタープラン」策定にあたり、コンセプト「セグロセキレイが棲むまちたからづか」を表すシンボルとしてイラストが作成された。

　大型のほ乳類としては、市北部や六甲山地に生息するニホンイノシシが代表格である。タヌキ・キツネ・ニホンリス・ニホンノウサギ・ニホンジカのほか、イタチやテンなども確認されている。近年はニホンジカが人間の生活圏に出没しはじめ、農業被害が出ている。アナグマは個体数が減っていることから、兵庫県版レッドリストCに挙げられている。コウモリ類では、山間部でキクガシラコウモリ（要調査種）・コキクガシラコウモリ・モモジロコウモリ（要注）などが確認され、市街地ではアブラコウモリ（イエコウモリ）が多く見られる。

えさを運ぶミサゴ（A）
写真提供：森田至

ニホンイノシシ

＊12　**夏鳥**　春に南国から渡ってきて繁殖し、秋に南国へ去っていく渡り鳥。
＊13　**冬鳥**　秋に北国から渡ってきて暖かい土地で冬を過ごし、春に北国へ去っていく渡り鳥。

宝塚の自然を守ろう

生物多様性たからづか戦略

近年、緑地の減少や里山の荒廃が進み、宝塚の魅力の基盤となる生物多様性が失われつつある。宝塚市は生物多様性の保全を進めるため、行政と市民らが協働して2012（平成24）年にその理念や目標、基本施策、推進体制をまとめた「生物多様性たからづか戦略」を発表した。このとき、活動を推進するシンボルとして生物多様性マスコットキャラクター「ツメレット」が誕生した。「ツメレット」は武庫川渓谷に自生する多肉植物のツメレンゲ（C）がモチーフで、頭に描かれたリボン飾りは、それを食草とするクロツバメシジミ（B）を表現し、この2種の生物が食物連鎖の関係にあることを示している。

ツメレット

天然記念物と貴重な植物

宝塚市域では、4件（5本）の樹木、4カ所の森林、2カ所の湿原、1件の動物が宝塚市天然記念物に指定されている。また、丸山湿原群は兵庫県指定天然記念物、松尾湿原は宝塚市指定天然記念物である。

大原野の素盞嗚命（すさのおのみこと）神社の社叢には、樹齢400年を超える杉の巨木が2本あり、根廻りは7mにも及ぶ。清荒神清澄寺（きよしこうじんせいちょうじ）のイチョウ2本は、いずれも樹高25mを超える高木である。満願寺は川西市の飛び地であるが、周辺の寺林は一部が宝塚市の天然記念物で、住宅地のすぐ近くに豊かな森を形成

清荒神清澄寺のイチョウ

カザグルマ（B）

カワラサイコ（B）

している。また、宝塚大劇場前や手塚治虫記念館通ではクスノキの巨木が並び、まちを彩っている。

宝塚市域では、兵庫県版レッドリストに挙げられている貴重な動植物が見られる。そのうち、ケナシベニバナヤマシャクヤクやサツキ（以上A）、カザグルマ、カワラサイコ（以上B）などは、宝塚市自然保護協会をはじめとする市民団体が保全活動に取り組んでいる。

宝塚市域の天然記念物

種別	指定区分	指定記念物名	場所
樹木	宝塚市指定	カヤ（イチイ科の常緑針葉樹）	下佐曽利（個人宅）
		イチョウ（2本／イチョウ科の落葉樹）	清荒神（清荒神清澄寺内）
		センダン（センダン科の落葉樹）	中筋（妙法寺墓地内）
		タラヨウ（モチノキ科の常緑樹）	大原野（阿弥陀寺内）
森林		素盞嗚命神社社叢	大原野
		売布神社社叢	売布山手町
		清荒神清澄寺自然林	米谷字清シ
		満願寺自然林	切畑字長尾山（満願寺境内）
湿原		松尾湿原	大原野（宝塚自然の家敷地内）
	兵庫県指定	丸山湿原群	玉瀬
両生類	国指定特別天然記念物	オオサンショウウオ（種指定）	西谷地区

生物多様性を阻む外来種

外来種は「移入種」「帰化種」ともいう。ペットや家畜、養殖などの目的で、他地域（他国）から人為的に持ち込まれた生き物である。外来種が野生化して繁殖し、在来種を駆逐して生態系を破壊したり、農漁業に被害を与えたりして問題となっている。よく知られているアメリカザリガニやクサガメも外来種である。

宝塚市内では、**外来生物法**[*14]でいう**特定外来生物**[*15]が13種、要注意外来生物が43種確認されており、「兵庫県の生物多様性に悪影響を及ぼす外来生物リスト（ブラックリスト）」の掲載種が65種確認されている。

　植物では、特定外来生物のアレチウリ・オオフサモ・オオカワヂシャ・オオキンケイギク・ミズヒマワリ・ボタンウキクサ、要注意外来生物のイタチハギ・ムラサキカタバミ、兵庫県ブラックリストのナンキンハゼ・トウネズミモチ・ハリエンジュ・フサフジウツギなどがある。これらの外来種は在来生物の成育を阻んだり、生態系に悪影響を及ぼしたりするため、駆除が行われている。宝塚市では、2014（平成26）年からミズヒマワリとオオキンケイギクの駆除を市民ぐるみで展開している。

　動物の特定外来生物は、ほ乳類のアライグマとヌートリア、鳥類のソウシチョウ、両生類のウシガエル、魚類のブルーギルとオオクチバス（ブラックバス）、クモ類のセアカゴケグモが確認されている。この中でもアライグマとヌートリアは、近年農作物への被害報告が増加している。北米原産のアライグマはペットとして持ち込まれて野生化し、タヌキの生活圏に侵入してタヌキが減少している。南米原産のヌートリアは、家畜として移入されたものが放逐されたといわれ、河川やため池の周辺で営巣して堤防破壊の被害も出ている。

オオキンケイギク　外来生物法により栽培、売買も禁止されている

オオキンケイギクの駆除活動（逆瀬川で）

＊14　**外来生物法**　「特定外来生物による生態系などに係る被害の防止に係る法律」を略した呼称。
＊15　**特定外来生物**　外来生物のうち、生態系、人の生命・身体、農林水産業などに悪影響を与えるものとして、外来生物法で指定された生物。

宝塚市のシンボル生物

市木　サザンカ（1968年3月制定）

　ツバキ科の常緑小高木で、秋から冬にかけて花を咲かせる。自生地は山口県以南で、市内で見られるのは園芸品種である。庭木や生け垣として利用されることが多い。

サザンカ

市木　ヤマボウシ（1995年3月制定）

　ミズキ科の落葉高木で、初夏に白い花が咲く。市全域の山地に自生している。市木に制定されたため、街路樹や庭木として各所に植えられるようになった。市街地に植栽されているハナミズキは、一見ヤマボウシに似ているが、別種の外来種である。

ヤマボウシ

市花　スミレ（1968年3月制定）

　スミレ科の多年草で、春と秋に紫色の花が咲く。日当りのよい草地や川の土手などで普通に見られ、市民に親しまれている。

スミレ　写真提供：宝塚市

市花　ダリア（2021年3月制定）

　キク科の多年草で、初夏から秋にかけて花が咲く。昭和初期に上佐曽利地区で栽培が始まり、およそ300種類のダリア球根を出荷している。

ダリア　写真提供：宝塚市

市鳥　ウグイス（1995年3月制定）

　市全域に生息する留鳥（1年中同じ場所に生息している野鳥）で、「ホーホケキョ」の鳴き声が特徴。背中は緑色を帯びた灰褐色で、胸と腹の色は薄い。

ウグイス　撮影：丹羽周子

市鳥　セグロセキレイ（1995年3月制定）

　市街地や人家近くでも見られる留鳥。頭から胸、背面にかけて黒色で、腹は白い。水辺を好み、建造物や電線に止まって鳴いている姿がよく見られる。

セグロセキレイ

資料編

祭りと年中行事

凡例　▶開催日／開催場所

春

宝塚植木まつり

例年、春と秋に開催される。花き・植木販売や園芸相談のほか、寄せ植え体験・コンテストなど植木や花に関する催しが多彩。地元産の野菜販売やキッチンカーによる飲食販売も。

▶4月・10月／山本新池公園

長谷牡丹園の開園

開花期の約1カ月間のみ開園。牡丹と芍薬（しゃくやく）が咲き誇る庭園は、「花のまち宝塚」を実感させてくれる。牡丹・芍薬の苗、切り花の販売のほか、「ぼたんカフェ」の営業も。

▶4月下旬～5月中旬／長谷字門畑29

宝塚オープンガーデンフェスタ

市内の個人宅の庭を期間限定で公開。庭づくりの楽しさを共有する春のイベントで、ガーデニング愛好家が集う。

▶4月下旬／宝塚市内一円

春季三宝荒神大祭

清荒神清澄寺（きよしこうじんせいちょうじ）の春の行事。4月28日に行われる百味練供養（ひゃくみねりくよう）では、一山の僧侶が出仕し、境内を練り歩く。また、きらびやかな衣装に身を包んだ喜代寿女（きよすめ）が百味の飯食を献供し、世界平和と五穀豊穣を祈願する。

▶4月27・28日／清荒神清澄寺

夏

宝塚ベガ音楽コンクール

1989（平成元）年から宝塚ベガ・ホールで開催。次代のわが国の音楽界を担う演奏家の発掘・育成を目的とする。音楽界をけん引する多くの人材を輩出しており、水準の高いコンクールとして評価されている。

▶6月（予選）・9月（本選）／宝塚ベガ・ホール

宝塚国際室内合唱コンクール

　1984（昭和59）年から宝塚ベガ・ホールで毎年開催。合唱の原点といえる"少人数による室内合唱"のコンクールで、合唱を愛する国内外の団体が、国境を越え、聴衆も一体となって音楽の楽しさを分かち合う。宝塚から発信するレベルの高い国際的な合唱の祭典。

▶7月下旬／宝塚ベガ・ホール

星下り大会式（だいえしき）

　8月9日、西国三十三所の観音菩薩が星となって中山寺に下るという伝説をもとにした祭り。400年の歴史を経て今に受け継がれている。鉢巻き、たすきがけ姿の若衆が石段を駆け上がり、本堂前で梵天を競って授かるのが、祭りのクライマックス。宝塚市の無形民俗文化財。

▶8月9日／中山寺

ケトロン

　8月14日の夜、少年たちが9人ずつ2組に分かれて、灯籠を先頭に念仏を唱えながら宝山寺に登っていく灯籠会。疫病よけを祈願する念仏とともに、鉦（かね）や太鼓を打ち鳴らす音から「ケトロン」の名がついた。宝塚市の無形民俗文化財。

▶8月14日／宝山寺

秋

ダリア花まつり

　上佐曽利（西谷地区）のダリア園で秋の開花期に開催される花のイベント。ダリア人気コンテストやクイズ、ダリアの切花や地元産農産物の販売などが行われる。

▶10月／宝塚ダリア園

宝塚映画祭

　かつて宝塚で制作された作品を再発見し、新たな映画文化の創造をめざす。映画上映のほか、トークイベントなども。

▶11月／シネ・ピピア

宝塚市民合唱祭

少年少女合唱団からシルバーコーラスまで、市内で活動する合唱団が集う。

▶11月／宝塚ベガ・ホール

宝塚市展・宝塚芸術展

一般公募による作品の展覧会（市展）と宝塚市文化連盟に所属するアーティストの作品展（芸術展）。

▶11月／宝塚市立文化芸術センター

ベガメサイア

宝塚ベガ・ホールでヘンデルの「メサイア」を全曲演奏する「ベガメサイア」は、1980（昭和55）年のホール開館以来、毎年開催されている。クリスマスシーズンの風物詩ともいえる演奏会。

▶12月／宝塚ベガ・ホール

宝塚ハーフマラソン大会

冬の宝塚の市街地を駆ける市民マラソン大会。10マイル／クォーターマラソン、ファミリー3kmで健脚を競う。

▶12月

星祭節分会

追儺式を現代風にアレンジ。観音さまにふんしたタカラジェンヌが、邪鬼を改心させ、福・禄・寿の善神に変身させる音楽ショーと豆まき式が行われる。

▶2月上旬／中山寺

宝塚学検定

宝塚の自然や歴史、文化、社会に関する問題が出題されるご当地検定。2010（平成22）年3月23日に第1回宝塚学検定が実施され、以後、毎年春分の日が開催日となっている。

▶3月（春分の日）／宝塚ソリオホール

宝塚の難読地名と地名伝説

安倉（あくら）▶「安鞍」「安久良」「胡床」とも書かれた。聖徳太子が中山寺を創建した際、この地で馬から下りて鞍を休めたという伝説がある。

伊子志（いそし）▶「伊刀志」「伊蘇志」「磯志」とも書かれた。古代氏族・伊蘇志臣（いそしのおみ）ゆかりの地とされるが、石の多い地形をさすとも、武庫川の磯（いそ）から来たとも。

大吹町（おおぶきちょう）▶蔵人の字（あざ）名で、湿地帯を意味する「ふけ」から名付けられたと推測される。

小林（おばやし）▶古代に林史（はやしのふひと）一族が住んでいたという伝承に由来。「お」は美称で、御林が小林に転じたとされる。

鹿塩（かしお）▶鹿にまつわる伝説（133－134ページ「宝塚の伝説と民話」参照）のほか、西方樫ケ峰の尾根の麓にあたることから「樫の尾」「樫が生い茂る」から転じたとも考えられる。

川面（かわも）▶武庫川が狭い渓谷から大阪平野の北西角に出て、一挙に広がった「川の水面」という印象が語源か。古代に馬を飼育した牧場の河面牧（まき）があったという記録もある。

蔵人（くらんど）▶蔵人とは古代の官職名で、古くは「くろうど」とも読まれた。

香合新田（こうばこしんでん）▶香合は、焼き畑を意味する「コバ（木場）」「コバタ」から。焼畑農業の土地、という意味。

御所の前町（ごしょのまえちょう）▶往時、孝徳天皇の有馬温泉行幸があったとき、この地に行在所が作られたとの伝承を元に地名が付けられた。

小浜（こはま）▶内陸部なのに「浜」とつくのは、①かつて集落が武庫川の川べりにあった説、②太古は大堀川のあたりまで海だった説、③伊丹台地の端にあるから「端間」（はしま）とされた説などがあるものの、よくわかっていない。

佐曽利（さそり）▶傾斜地の焼き畑を意味する。また、「さ＝狭い」「そ＝盆地」「り＝里」から、狭い谷間の盆地とも説かれる。

高司（たかつかさ）▶旧蔵人村の中心集落名。鷹司や鷹場と同義語だと考えられる。

玉瀬（たまぜ）▶その昔、地域を流れる川下川で美しい玉石を産出したとの伝説がある。

千種（ちぐさ）▶逆瀬川の砂防工事により昭和10年代から右岸の丘陵地で住宅開発が始まり、千種ケ丘住宅と名付けられた。これが現在の町名に転じた。千種ケ丘住宅の命名者は作家の吉川英治だとの説がある。

中州（なかす）▶「州」は川や湖、海の底に土砂が堆積して水面に現れた土地をさす。宝塚の中州は逆瀬川と武庫川の合流地点に生じた川砂の堆積地で、昭和初期の逆瀬川の改修工事によって造成が行われ、「中洲荘園」が誕生した。地名の「中州」と開発地の「中洲荘園」は異なる文字を使う。

長谷（ながたに）▶山間部の比較的大きな谷、長い谷の意。普光寺本尊が奈良の長谷寺（はせ）の本尊と同体であるから、という俗説もある。

波豆（はず）▶もとは有馬郡羽束郷という地名で、羽束（はつか）の「ハツ」に波豆の字を当てたと言われる。西隣の三田市には武庫川支流の羽束川と波豆川が流れる。羽束川は宝塚市と三田市の市境をなして波豆の西側を流れ、千苅貯水池に流れ込む。

雲雀丘（ひばりがおか）▶昭和初期に阿部元太郎が開発した住宅地に雲雀丘の名を冠したのは、最明寺滝の上に雲雀瀧（ひばりのたき）があったからとの説がある。

米谷（まいたに）▶「売布谷」「前谷」からの転訛とも、「米を作る谷」に由来するともいわれる。古くは「舞谷」とも書かれた。

美座（みざ）▶俗説では、古代この地に住んだ牟佐（むさ）一族から「見佐」「美座」に転じたという。ここにあった大きな松が神の依り代（よしろ）とされ、「御座」と呼ばれたのかもしれない。

売布（めふ）▶神話に登場する下照姫神（したてるひめ）が麻を紡いで布を織ることを教えたので、この地が豊かになり里人が下照姫神を祀ったとの伝承がある。

宝塚のマスコットキャラクター

あいちゃん （あいあいパーク）

1999（平成11）年11月11日11時11分、あいあいパークのお花畑で誕生した妖精。ゆるキャラとして、園芸に関するイベントや子どもたちが花や緑とふれあう花育イベントに活躍する。あいあいパークには他にも「はなちゃん」「タネ坊」「キー坊」という楽しい仲間がおり、来館者をはじめ全ての生き物に愛を送っている。

あいちゃん
写真提供：あいあいパーク

さんぽ龍 （清荒神参道商店会）

2009（平成21）年に清荒神参道商店会のマスコットキャラクターとして誕生。緑色のウロコに全身を覆われ、長い口ひげをたくわえる。キャラクターのモチーフの龍は、同商店街が「龍の道」と呼ばれることに由来する。商店会が開いている参道イベントの際に登場し、参道を散歩しながら来場者に愛嬌をふりまいている。

さんぽ龍
写真提供：清荒神参道商店会

スミレン （宝塚市社会福祉協議会）

宝塚市社会福祉協議会を市民に知ってもらい、親しんでもらえるようにとの目的から、一般公募で選定。200を超える応募の中から誕生した。市の花「すみれ」と市の鳥「ウグイス」をイメージ。「みんなに愛されるキャラクターに」という願いを込め、胸にハートのマークを掲げている。

スミレン
画像提供：宝塚市社会福祉協議会

たからん （宝塚市文化財団）

　2012(平成24)年に宝塚市文化財団のマスコットキャラクターとして誕生。"たからん"は「シンシア（介助犬）のまち」宝塚市で愛される犬をモチーフにデザイン。名前は、宝塚に由来する"たからん"。音楽大好き、タカラジェンヌに憧れ、夢見る乙女をキャラクターとしている。岡田敬二作詞、吉﨑憲治作曲の「たからんサンバ」をイメージソングに持つ。名前を冠にした「たからんまつり」を毎年3月に開催している。

たからん

ヘルスターくん （宝塚市スポーツ振興公社）

　1994（平成6）年に宝塚市のスポーツキャラクターとして市民公募で誕生。59点の応募から選ばれた作品は、星をモチーフに「頑張ればスターになれる」というメッセージが込められている。名前も市民公募によるもので、健康とスポーツで輝く星をめざすという意味を込めて「ヘルスター」と名付けられた。このキャラクターは、スポーツ振興と健康づくりのシンボルとして、PR活動に利用されている。

ヘルスターくん
画像提供：宝塚市スポーツ振興公社

まちキョン （まちづくり協議会）

　宝塚市のまちづくり協議会のキャラクターとして誕生。大きな耳がトレードマークのウサギ。宝塚市がもっと住みやすいまちになるよう、人が集まるところへ行って、耳を傾けている。

まちキョン
画像提供：まちづくり協議会

宝塚ゆかりの人

(50音順／敬称略)

赤木 正雄（あかぎ・まさお）　1887（明治20）－1972（昭和47）
砂防工学者。兵庫県の豊岡出身。東京帝国大学農学部林学科に学び、林学出身で初めて内務省に就職。鬼怒川・信濃川・木津川・富士川・天竜川・六甲山など全国で砂防工事を指導した。逆瀬川では、日本初の本格的な砂防工事の施工を主導した。

秋田 實（あきた・みのる）　1905（明治38）－1977（昭和52）
漫才作家。吉本興業文芸部員となり、横山エンタツと花菱アチャコの漫才台本を執筆。ミヤコ蝶々や南都雄二など漫才師の育成にも尽力して上方漫才の発展に貢献した。1950（昭和25）年に新設された宝塚新芸座道場に参加し、宝塚における演芸興行をけん引した。

阿部 元太郎（あべ・もとたろう）　1873（明治6）－1944（昭和19）
実業家。複数の企業で経営手腕をふるい、不動産業に進出。神戸の住吉地区を阪神間屈指の高級住宅地として開発し、郊外住宅地の先駆的モデルを示した。さらに理想の住宅地づくりをめざして、雲雀丘や芦屋・松風山荘の開発を手がけた。大正末ごろに雲雀丘に自邸を構えて生涯住み続けた。

天津 乙女（あまつ・おとめ）　1905（明治38）－1980（昭和55）
女優。宝塚歌劇の初期から活躍し、宝塚歌劇団の至宝といわれた。日本舞踊にすぐれ、日舞の基本を踏まえつつオーケストラで踊る至芸を見せた。ヨーロッパやアメリカ公演にも参加。宝塚歌劇団理事として後進の指導育成にもあたった。勲四等宝冠章を受章。

荒木 村重（あらき・むらしげ）　（生年は諸説あり）－1586（天正14）
戦国武将。池田勝正の家臣から身を起こし、織田信長に重用されて摂津一国を領した。しかし、1578（天正6）年に毛利と結んで信長に背き、伊丹・有岡城に籠って落城。一族は惨殺されたが、村重は生き延び、後に茶人として生涯を全うした。

有川 ひろ（ありかわ・ひろ）　1972（昭和47）－
小説家。宝塚市在住。2003（平成15）年にデビュー作『塩の街 wish on my precious』が第10回電撃ゲーム小説大賞を受賞。阪急今津線を舞台にした小説『阪急電車』は、2011（平成23）年の映画化で大ヒットし、単行本・文庫本合わせて売り上げ100万部を超えた。

石川 晴彦（いしかわ・はるひこ）　1901（明治34）－1980（昭和55）
画家。京都市立美術工芸学校（現・京都市立芸術大学）で日本画を学び、入江波光、村上華岳に師事。30代半ばから仏画を描きはじめ、静謐で透明感あふれる表現が高く評価される。1961（昭和36）年から清荒神に住居を置いた。

岩谷 時子（いわたに・ときこ）　1916（大正5）－2013（平成25）
作詞・訳詞家。宝塚歌劇団出版部を経て、越路吹雪のマネージャーとなる。『愛の讃歌』『君といつまでも』などのヒット曲の訳詞・作詞、『レ・ミゼラブル』『ミス・サイゴン』など、ミュージカルの訳詞を多数手がけ、手塚治虫のアニメ主題歌『ふしぎなメルモ』の作詞も。勲四等瑞宝章、文化功労者顕彰ほか。

岩野 泡鳴（いわの・ほうめい）　1873（明治6）－1920（大正9）
詩人、小説家、評論家。詩作で頭角を現し、『耽溺』『放浪』などの小説を執筆した。明治末に大阪新報の記者となり、小林一三の世話で箕面有馬電気軌道が開発した池田の室町に住んだ。小林は著作『逸翁自叙伝』に、岩野の小説『ぼんち』は箕面電車で実際に起こった事故をもとに執筆したと書いている。

ジョン・クリフォード・ウィルキンソン　1852（嘉永5）－1923（大正12）
実業家。イギリス出身。1890（明治23）年ごろに宝塚温泉近くの紅葉谷に工場を開設して炭酸水を瓶詰し、当初は宝塚ミネラルウオーター、のちにウキルキンソン・タンサンの銘で国内外に販売。工場近くに外国人向けの宿泊施設「タンサン・ホテル」を営業した。1904（明治37）年に生瀬に工場を新設して移転。

ウィリアム・メレル・ヴォーリズ　1880（明治13）－1964（昭和39）
建築家、実業家。アメリカ出身。1905（明治38）年に英語教師として来日。

京都で建築設計事務所を開設し、関西学院や神戸女学院、大丸心斎橋店、山の上ホテルなど数多くの近代建築を設計した。宝塚では高碕記念館（旧諏訪家住宅）などの個人住宅を手がけた。

楳茂都 陸平（うめもと・りくへい）　1897（明治30）－ 1985（昭和60）
日本舞踊家、楳茂都流家元。上方舞家元の家に生まれ、1917（大正6）年に宝塚音楽歌劇学校の日本舞踊教授となる。舞踊指導のみならず、脚本、振付、演出も担当。4年にわたる渡欧で西洋の音楽や舞踊を学び、宝塚歌劇の演出に多大な影響を与えた。紫綬褒章、勲四等旭日小綬章、文化功労者顕彰ほか。

岡田 幾（おかだ・いく）　1890（明治23）－ 1975（昭和50）
政治家、俳人。1951（昭和26）年、良元村長に当選。兵庫県内初の女性村長で、宝塚市誕生に際しては市長職務代理者を務め、新市の基礎を築いた。宝塚市教育委員などを歴任し、青少年の文化教育、地域社会の発展に貢献。俳句、俳画をよくし、「指月」と号した。宝塚聖天に歌碑がある。

小津 安二郎（おづ・やすじろう）　1903（明治36）－ 1963（昭和38）
映画監督。『晩春』『東京物語』『お茶漬けの味』などの作品で世界的に評価が高い。小津が東宝で監督した唯一の作品『小早川家の秋』は、宝塚映画製作所で撮影された。

乙羽 信子（おとわ・のぶこ）　1924（大正13）－ 1994（平成6）
女優。宝塚歌劇団の娘役トップスターとして活躍した後に、『処女峰』で映画デビュー。映画『どぶ』『裸の島』『人間』などに出演し、演技派女優として世界的に高い評価を得た。夫は映画監督の新藤兼人。

小野 兵一（おの・ひょういち）　1899（明治32）－ 1969（昭和44）
社会福祉事業家。1967（昭和42）年に財団法人小野茶之寿会を創設。長寿老人ホーム花屋敷マンションを建設し、社会福祉事業に寄与。宝塚市名誉市民。

春日野 八千代（かすがの・やちよ）　1915（大正4）－ 2012（平成24）
女優。宝塚歌劇団の男役トップスターで、「永遠の二枚目」「白バラのプリンス」と評される。生徒の最高峰として舞台に立ち続け、多数の

後輩を指導した。兵庫県文化賞、紫綬褒章、勲四等宝冠章ほか。宝塚市名誉市民。

桂 春団治（かつら・はるだんじ）二代目　　1894（明治27）－ 1953（昭和28）
落語家。初代春団治に弟子入りし、1934（昭和9）年に二代目を襲名。「へっつい泥棒」「ふたなり」を得意とした。清荒神に住み、清荒神清澄寺の参道で「春団治茶屋」を営み、中山寺の門前で「春団治あめ」を売っていたという。長男の三代目春団治は宝塚で育った。

岸田 辰彌（きしだ・たつや）　　1892（明治25）－ 1944（昭和19）
演出家。当初はオペラ歌手として活躍し、1919（大正8）年に小林一三が創設した「男子養成会」に入ったことをきっかけに、宝塚歌劇団の作家・演出家となる。欧米留学後、1927（昭和2）年に帰朝公演として日本初のレビューショー『モン・パリ』を作・演出。

食満 南北（けま・なんぼく）　　1880（明治13）－ 1957（昭和32）
歌舞伎作家、随筆家。早稲田大学で坪内逍遥に師事し、歌舞伎作家に。初代中村鴈治郎の座付作家として活躍し、演劇評論や随筆、川柳でも作品を残した。1945（昭和20）年前後から宝塚に住んだ。

越路 吹雪（こしじ・ふぶき）　　1924（大正13）－ 1980（昭和55）
女優、歌手。宝塚歌劇団の男役として大人気を博し、映画女優、ミュージカル女優としても活躍。『愛の讃歌』『ラストダンスは私に』など名曲に恵まれ、日本のシャンソンの女王と言われた。

小林 一三（こばやし・いちぞう）　　1873（明治6）－ 1957（昭和32）
実業家、政治家。箕面有馬電気軌道（阪急電鉄）の経営にたずさわり、沿線を開発。宝塚新温泉や宝塚歌劇団の創立のほか、東宝映画や東京電灯の社長に就任。商工大臣や国務大臣、戦災復興院総裁も務めた。茶人・美術収集家としても知られ、池田市にはコレクションを収蔵・公開する「逸翁美術館」がある。花のみちの宝塚大劇場前に宝塚市功労者の碑が立つ。宝塚市名誉市民。

坂上 頼泰（さかのうえ・よりやす）　　戦国時代
武士、園芸家。接ぎ木の技法にすぐれ、園芸の品種改良に貢献。豊臣秀吉から「木接太夫」の称号を与えられた。山本園芸の基礎を築いた

ことから「木接太夫彰徳碑」が建てられた（1912（大正元）年竣工）。
2017（平成29）年、宝塚市特別名誉市民。

笹部 新太郎（ささべ・しんたろう）　　1887（明治20）－ 1978（昭和53）
園芸家。東京帝国大学在学中から桜の研究を始め、在来種のヤマザクラやサトザクラの保護育成に生涯を捧げた。品種保存や接ぎ木の研究を行った武田尾の演習林「亦楽山荘（えきらくさんそう）」は、現在、桜の園として市民に親しまれている。

白井 鐵造（しらい・てつぞう）　　1900（明治33）－ 1983（昭和58）
演出家。岸田辰彌に弟子入りし、宝塚歌劇団へ。欧米留学後の帰朝公演『パリゼット』では『すみれの花咲く頃』を作詞したほか、羽飾りのついた衣裳を採用するなど、宝塚調レビューの基礎を築いた。宝塚歌劇の黄金時代に活躍した名演出家で、「レビューの王様」と評される。

新藤 兼人（しんどう・かねと）　　1912（明治45）－ 2012（平成24）
脚本家、映画監督。商業映画からドキュメンタリーまで幅広く活躍。『愛妻物語』『午後の遺言状』など作品多数。太平洋戦争中に宝塚海軍航空隊に配属。この経験をもとに、ドキュメンタリードラマ作品『陸に上がった軍艦』の原作・脚本・証言を担当した。2002（平成14）年文化勲章受章。妻は女優の乙羽信子。

須賀 敦子（すが・あつこ）　　1929（昭和4）－ 1998（平成10）
作家、翻訳家。1961（昭和36）年にイタリアへ渡り、谷崎潤一郎など日本文学のイタリア語訳にたずさわる。13年後に帰国し、大学講師として働きながら執筆活動を開始。女流文学賞、講談社エッセイ賞を受賞した。小学校から通った小林聖心女子学院の思い出を起点として、のちに随筆『ユルスナールの靴』を執筆。

杉山 平一（すぎやま・へいいち）　　1914（大正3）－ 2012（平成24）
詩人、映画評論家。詩誌『四季』の同人で、第2回中原中也賞、処女詩集『夜学生』が第10回文芸汎論詩集賞。2012（平成24）年に最後の詩集『希望』が第30回現代詩人賞。当時97歳で、同賞の歴代最高齢受賞であった。宝塚市に長く住み、映画評論家として宝塚映画祭にも貢献した。

高碕 達之助（たかさき・たつのすけ）　1885（明治18）－ 1964（昭和39）
　実業家、政治家。メキシコやアメリカで製缶技術を学び、東洋製罐を設立して産業界に先駆的役割を果たした。戦後は電源開発総裁、通産大臣、経済企画庁長官などを歴任。1929（昭和4）年に雲雀丘の旧諏訪邸を取得。この建物は現在、東洋食品研究所の高碕記念館として公開されている。

谷風 岩五郎（たにかぜ・いわごろう）　江戸時代末期－ 1884（明治17）
　相撲力士。小浜の米穀商に生まれ、10歳で米1俵を持ち上げたといわれる。18歳で相撲界に入り、前頭となって四股名を若の柳安太郎とし、大関に昇進して谷風岩五郎と改名した。小浜の墓地に眠る。

坪内 士行（つぼうち・しこう）　1887（明治20）－ 1986（昭和61）
　舞台評論家、演出家、俳優、脚本家。英米に留学して演劇を学び、近代演劇の指導者となった。宝塚国民座の指導および宝塚音楽学校の設立、歌劇の指導に関わった。シェイクスピア翻訳で知られる坪内逍遥の甥で養子。

手塚 治虫（てづか・おさむ）　1928（昭和3）－ 1989（平成元）
　マンガ家。24歳で上京するまでの約20年間、宝塚に住んだ。1946（昭和21）年『マアチャンの日記帳』でデビュー。日本のストーリーマンガおよびアニメの確立に大きな影響を与えた。代表作に『鉄腕アトム』『火の鳥』『ブラック・ジャック』『リボンの騎士』などがある。勲三等瑞宝章受章、宝塚市名誉市民。

富岡 鉄斎（とみおか・てっさい）　1836（天保7）－ 1924（大正13）
　文人画家。国学・漢学・仏教・陽明学・和歌などのほか、大和絵や南画も学ぶ。独創的な文人画を完成し、生涯1万点といわれるほど多くの作品を残した。清荒神清澄寺の第三十七世光浄和上の収集により、同寺には鉄斎美術館が開設された。

鳥井 信治郎（とりい・しんじろう）　1879（明治12）－ 1962（昭和37）
　実業家。薬種問屋に勤めたのち、独立してぶどう酒の製造販売を開始し、鳥井商店を創業。赤玉ポートワインやウイスキーを製造販売し、酒造会社サントリーの基礎を築く。雲雀丘学園の開校に際して初代理事長

に就任し、同校に私有地を寄付するなど発展を支援した。

中島 らも（なかじま・らも）　1952（昭和27）－ 2004（平成16）
作家、脚本家、俳優。小説、エッセイ、脚本など文筆活動のほか、劇団「笑殺軍団リリパットアーミー」を主宰。吉川英治文学新人賞、日本推理作家協会賞受賞。1977（昭和52）年から宝塚市に住んだ。

橋本 関雪（はしもと・かんせつ）　1883（明治16）－1945（昭和20）
画家。神戸市出身。四条派に学び、竹内栖鳳に師事。儒学者の家に生まれ、中国古典の教養に根ざした作品を発表して高い評価を得た。代表作は『玄猿』『霜猿』『唐犬図』など。晩年、売布に別邸「冬花庵（通称）」を構えた。

平塚 嘉右衛（ヱ）門（ひらつか・かえもん）　1875（明治8）－ 1953（昭和28）
実業家、政治家。武庫郡良元村出身。果樹園・温泉・水道・ホテル・住宅開発などの事業を手がけ、宝塚市が観光住宅都市として発展する基盤を築いた。良元村の村長、武庫郡会議員、兵庫県会議員も務めた。宝塚聖天（了徳密院）に宝塚市功労者の碑がある。宝塚市名誉市民。

藤本 義一（ふじもと・ぎいち）　1933（昭和8）－ 2012（平成24）
作家、映画・テレビ・舞台の脚本家、テレビ司会者。宝塚映画で川島雄三に師事。映画脚本を多数執筆し、東宝や大映でも活躍。森繁久彌の『駅前』シリーズや勝新太郎の『悪名』シリーズなど人気作品の脚本を手がけた。上方落語家の半生を描いた『鬼の詩』で第71回直木賞。代表作に『蛍の宿　わが織田作』『蛍の宴』『蛍の街』『蛍の死』の4部作がある。

藤原 保昌（ふじわらのやすまさ）　958（天徳2）－ 1036（長元9）
平安時代の官人。摂津守となって宝塚の平井に住んだことから、平井保昌とも呼ばれる。藤原道長に長らく仕え、武勇にすぐれたことで知られる。歌人としても秀で、『後拾遺集』の撰者の一人。妻は歌人の和泉式部。

古塚 正治（ふるづか・まさはる）　1892（明治25）－ 1976（昭和51）
建築家。早稲田大学建築学科を卒業し、宮内省匠寮に勤務。その後、欧米の建築を学んで帰国し、西宮に古塚建築事務所を開設。宝塚ホテ

ル旧館・旧宝塚温泉会館・六甲山ホテル・ダンスホール宝塚会館・雲雀丘の正司家住宅洋館（旧・德田邸）など、阪神間モダニズムを代表する名建築を多く設計した。

北条 時頼（ほうじょう・ときより）　1227（安貞元）－1263（弘長3）
鎌倉幕府五代執権。1256（康元元）年に最明寺（川越市）で出家したことから最明寺入道とも呼ばれる。質素倹約を旨として仁政を実践した。諸国を旅したという伝説があり、山本の山中に庵を結んだとされる。宝塚市内の最明寺滝や最明寺川の地名は、この伝説にちなむ。

三木 茂（みき・しげる）　1901（明治34）－1974（昭和49）
古生物学者。1941（昭和16）年に日本で出土した植物の化石からメタセコイアを発見して命名。当時は絶滅種だと考えられていたが、1946（同21）年に中国で生きたメタセコイアが発見され、「生きた化石」として話題になった。日本に初めて輸入されたメタセコイアを宝塚の自宅の庭に植えたが、三木茂の没後に伐採された。朝日文化賞受賞。元宝塚市文化財審議会委員。

源 満仲（みなもとのみつなか）　912（延喜12）－997（長徳3）
平安時代の武将。摂津守となり、一族とともに多田に移住して多田源氏の祖となった。多田荘の経営と摂関家への接近で政治力・経済力をもち、源氏発展の基礎を固めた。多田院（現・多田神社）を創建し、そこに葬られた。

村野 藤吾（むらの・とうご）　1891（明治24）－1984（昭和59）
建築家。早稲田大学建築学科で学び、渡辺節のもとで腕をふるった。1929（昭和4）年に村野藤吾建築事務所を設立。広島の世界平和記念聖堂、大阪新歌舞伎座など、多くの名建築を残した。昭和を代表する建築家のひとり。宝塚市内では宝塚市庁舎・宝塚カトリック教会・宝塚ゴルフ倶楽部クラブハウスなどを設計。文化勲章受章。

元永 定正（もとなが・さだまさ）　1922（大正11）－2011（平成23）
現代美術家。具体美術協会に参加し、アクション・ペインティングの制作で注目を集める。1966（昭和41）年の渡米以降、明快な色彩と単純化された形によるユーモラスな作風に変わり、絵本も手がける。宝

塚市に長く住み、「宝塚映画祭」のシンボルマークおよび題字を制作。2012（平成24）年、作品60点が宝塚市に寄贈された。紫綬褒章、勲四等旭日小綬章受章。妻は、美術家・絵本作家の中辻悦子。

山崎 儔司（やまさき・せんじ）　　1826（文政9）－1902（明治35）

医師。江戸後期、米谷村の村医の家に生まれる。大坂の後藤松蔭塾に学び、頼山陽の子の又次郎・三樹三郎と親交を結ぶ。緒方洪庵について除痘術を学び、許可を得て米谷村に分苗所を設けた。「宝塚温泉」の名称は『摂陽群談』の記載を参考に山崎儔司が命名したとの説がある。

与謝野 晶子（よさの・あきこ）　　1878（明治11）－1942（昭和17）

歌人。歌集『みだれ髪』でロマン派歌人として高い評価を得る。宝塚歌劇を観劇した際、「武庫川の夕」を題材に詠んだ歌が三首あり、「武庫川の板の橋をばぬらすなり　河鹿の声も月の光も」の歌の碑が宝来橋南詰めに建てられた。

ヨーゼフ・ラスカ　　1886（明治19）－1964（昭和39）

指揮者、作曲家。オーストリア出身。王立ミュンヘン音楽院で学び、オペラ指揮者に。1923（大正12）年来日。宝塚音楽学校教授となり、草創期の宝塚交響楽協会（宝塚歌劇オーケストラ）の指導・指揮にあたった。ブルックナーの交響曲第4番の日本初演のほか、『日本組曲』などを作曲。

アントニン・レーモンド　　1888（明治21）－1976（昭和51）

建築家。チェコ出身。プラハ工科大学で学び、渡米してフランク・ロイド・ライトの助手となる。ライトが帝国ホテルを設計した際に来日し、1921（大正10）年、東京にレーモンド設計事務所を開設。生涯に400を超える作品を設計し、宝塚では小林聖心女子学院本館とプライス邸（現存せず）を手がけた。

宝塚のあゆみ

時期	主なできごと
古墳時代前期	安倉高塚古墳、万籟山古墳、長尾山古墳がつくられる
古墳時代後期	白鳥塚古墳、中山荘園古墳がつくられる
7〜8世紀	平井窯、勅使川窯などで須恵器が焼かれる
8〜10世紀	『新撰姓氏録』に伊蘇志臣、若湯坐連、林史など豪族の名が記される 中山寺、清澄寺、平林寺などが創建される 源満仲が多田院を創建
973（天延元）	源満仲の弟の満政により、波豆八幡神社が建立（社伝による）
1212（建暦2）	藤原定家が有馬湯治の帰路に小林荘で休む
1223（貞応2）	藤原光経が小林湯に滞在して歌を詠む
1237（嘉禎3）	北条泰時、領家から処罰された多田院御家人を安堵する
1578（天正6）	荒木村重の兵火で、中山寺、清澄寺、山本平井の白山権現が焼失 米谷、安倉、川面、安場村が焼失する
1594（文禄3）	市域で太閤検地が行われる
1641（寛永18）	名塩村の武田尾直蔵、温泉を発見する
1868（明治元）	大政奉還により、摂津の幕府直領が没収される 見佐村、兵庫裁判所へ移管される
1869（明治2）	尼崎藩が版籍奉還を申し出る
1870（明治3）	安倉村（一部）が兵庫県に接収される
1871（明治4）	廃藩置県により、尼崎が兵庫県に統合
1873（明治6）	宝塚に初の小学校が開校 県令の神田孝平が南米からユーカリ樹等を輸入させて試植を命じる バラの栽培など、園芸を奨励
1874（明治7）	小浜郵便局開設
1879（明治12）	西宮町に武庫郡役所、伊丹町に川辺郡役所がおかれる

時期	主なできごと
1887（明治20）	宝塚温泉が開業し、旅館街ができる
1889（明治22）	市制町村制が施行。良元・小浜・長尾・西谷の4村が生まれる
1890（明治23）	ザ・クリフォード・ウィルキンソン・タンサン鉱泉が創業か
1897（明治30）	阪鶴鉄道の池田－宝塚が開通
1899（明治32）	阪鶴鉄道の大阪－福知山間が運転開始
1907（明治40）	阪鶴鉄道が官営鉄道福知山線となる
1910（明治43）	箕面有馬電気軌道、梅田－宝塚、石橋－箕面の2路線が営業開始
1911（明治44）	宝塚新温泉が開業
1912（大正元）	宝塚警察署が新設される
1913（大正2）	宝塚花火大会が初開催
1914（大正3）	宝塚少女歌劇が初公演
1918（大正7）	箕面有馬電気軌道が阪神急行電鉄と改称 宝塚音楽歌劇学校が開校
1919（大正8）	千苅水源池えん堤が完成
1921（大正10）	阪急電鉄西宝線（西宮北口－宝塚）が開通
1924（大正13）	阪急電鉄により、関西初のプロ野球団が誕生 宝塚大劇場が竣工、宝塚ルナパークが開園
1926（大正15）	宝塚ホテルが営業開始 宝塚ゴルフ倶楽部3ホールが完成・開場する
1927（昭和2）	小林に県立農事試験場園芸試作場を設置 宝塚植物園が開園
1930（昭和5）	花屋敷、仁川百合の荘の分譲開始 ダンスホール・宝塚会館が開館
1933（昭和8）	宝塚大橋が開通
1934（昭和9）	宝塚－六甲ドライブウェーが完成
1935（昭和10）	宝塚大劇場が1月に火災、4月に復興して柿落とし公演

資料編

宝塚のあゆみ

時期	主なできごと
1941（昭和16）	川西航空機宝塚製作所が操業開始
1945（昭和20）	川西航空機宝塚製作所が米軍の空襲により壊滅 宝塚大劇場、宝塚新温泉ほかが進駐軍に接収される
1946（昭和21）	第1回国民体育大会が開催され、宝塚で卓球競技を実施
1949（昭和24）	宝塚（阪神）競馬場が完成
1951（昭和26）	小浜村が町制を施行し、宝塚町となる 県内初の女性村長として、岡田幾が良元村村長に選ばれる
1954（昭和29）	宝塚町と良元村が合併し、宝塚市が発足（人口約4万人） 第1回市長選挙実施により、初代市長に田中九右衛門が当選
1955（昭和30）	長尾村・西谷村が宝塚市に編入 旧長尾村の一部が伊丹市に編入 第1回市議会議員選挙実施により36人の議員選出 第1回宝塚市展が開催
1960（昭和35）	宝塚新大橋が完成
1962（昭和37）	安全都市宣言
1963（昭和38）	県立宝塚高校が開校 市立青少年センターが完成 消防庁舎が完成
1964（昭和39）	観光ダムが完成 十万道路が開通
1966（昭和41）	宝塚市民会館が完成
1967（昭和42）	市の人口10万人突破 松江市と観光姉妹都市提携 甲子園大学が開学
1968（昭和43）	市花スミレ、市木サザンカを選定 市立老人福祉センター、市民スポーツセンターが完成
1969（昭和44）	宝塚市民憲章制定
1970（昭和45）	中国縦貫自動車道、豊中－宝塚間が開通
1971（昭和46）	第1回宝塚植木まつりを開催

時期	主なできごと
1972（昭和47）	第1回宝塚まつり（現・宝塚サマーフェスタ）を開催
1974（昭和49）	宝塚南口駅前に市街地再開発事業第1号サンビオラがオープン 県立宝塚東高校が開校
1975（昭和50）	清荒神清澄寺境内に鉄斎美術館が開館
1976（昭和51）	市立健康増進センター（現・健康センター）が完成 市立歴史民俗資料館「旧東家住宅」が開館
1978（昭和53）	市立体育館が完成
1980（昭和55）	市立図書館（現・市立中央図書館）、市立文化施設の宝塚ベガ・ホールが完成 武庫川沿いに新市庁舎が完成 第1回ベガメサイア開催
1981（昭和56）	国鉄福知山線の塚口－宝塚間電化工事が完成
1984（昭和59）	市立病院が開院 第1回宝塚国際室内合唱コンクールを開催
1985（昭和60）	消防本部・西消防署の新庁舎が完成 総合福祉センターが完成 県立宝塚北高校が開校
1986（昭和61）	逆瀬川駅前に再開発ビル「アピア3」がオープン
1987（昭和62）	逆瀬川駅前に再開発ビル「アピア1・2」がオープン 市立総合体育館・武道館が完成 市の人口20万人突破 宝塚造形芸術大学（現・宝塚大学）が開学
1988（昭和63）	市立東公民館・東消防署が完成
1989（平成元）	非核平和都市宣言 第1回花と緑のフェスティバルを開催 アメリカ合衆国ジョージア州オーガスタ・リッチモンド郡と姉妹都市提携 市立デイサービスセンター（現・安倉デイサービスセンター）が完成 市立女性センター（現・男女共同参画センター）が完成 第1回宝塚ベガ音楽コンクールを開催
1990（平成2）	第1回ミュージカルフェスティバル in TAKARAZUKAを開催

資料編

宝塚のあゆみ

時期	主なできごと
1993（平成5）	市立国際・文化センターが完成 宝塚駅前の再開発事業「ソリオたからづか」、市立文化施設の宝塚ソリオホールがオープン 市立教育総合センターが開館
1994（平成6）	市立西公民館・西図書館が完成 市立手塚治虫記念館が開館 市立小浜宿資料館が開館 オーストリア共和国ウィーン市第九区と姉妹都市提携 男女共同参画都市宣言 宝来橋が完成 武庫川新橋が完成
1995（平成7）	1月17日、阪神・淡路大震災が発生 市犠牲者合同慰霊祭を開催 市立看護専門学校が開校 市立口腔保健センターが完成 震災復興計画を策定 市立老人保健施設ステップハウス宝塚が完成 フラワー都市交流連絡協議会に加盟
1996（平成8）	人権尊重都市宣言 総合防災システムが完成 環境都市宣言 第1回宝塚ミュージカルコンクール開催
1997（平成9）	災害復興公営住宅が完成
1998（平成10）	健康都市宣言 障害者自立生活支援センターが完成
1999（平成11）	「宮川彬良とアンサンブル・ベガ」結成、宝塚ベガ・ホールで第1回定期演奏会を開催 市役所内に介助犬支援プロジェクトチームが発足 市立歴史民俗資料館「旧和田家住宅」が開館 まちづくり協議会が市内全域で組織化 売布神社駅前に再開発ビル「ピピアめふ」、公設民営の映画館「シネ・ピピア」がオープン 中山荘園古墳が国の史跡に指定

時期	主なできごと
2000（平成12）	市立園芸振興施設「あいあいパーク」がオープン 宝塚駅前の再開発事業「花のみちセルカ」がオープン コミュニティFM放送局エフエム宝塚が開局 第1回宝塚映画祭を開催
2001（平成13）	長谷牡丹園が開園 市立小浜工房館（とんかち館）が開館 長尾山トンネル道路が開通
2002（平成14）	ボランティア支援センター「ぷらざこむ1」が完成 切畑長尾山で林野火災が発生し、約32haを焼失 日帰り入浴施設「市立宝塚温泉」がオープン 市立老人福祉センター・市立大型児童センターの複合施設「フレミラ宝塚」が完成
2003（平成15）	仁川駅前の再開発事業「さらら仁川」がオープン 特例市に移行 宝塚ファミリーランド跡地に「宝塚ガーデンフィールズ」がオープン
2004（平成16）	関西学院大学と都市再生に向けて協定を締結 宝塚市制50周年 防災公園・末広中央公園が完成 日帰り入浴施設「市立宝塚温泉」が、市立温泉利用施設「ナチュールスパ宝塚」としてリニューアルオープン 台風23号で武田尾地区などに大きな被害 第1回宝塚音楽回廊を開催（～ 2019年）
2005（平成17）	阪神・淡路大震災10周年犠牲者合同慰霊式を開催 犯罪や災害などの緊急情報を伝える安心メールの配信が開始 ＪＲ福知山線の脱線事故で市民が犠牲に 『宝塚市大事典』刊行 「西谷ふれあい夢プラザ」が完成 第1回宝塚ハーフマラソン大会を開催
2006（平成18）	「のじぎく兵庫国体」において、宝塚市でバドミントン、ゴルフ競技を開催
2007（平成19）	中山荘園古墳の整備完了 松江市との姉妹都市提携40周年

資料編

宝塚のあゆみ

時期	主なできごと
2008（平成20）	関西学院初等部が開校 阪神北広域こども急病センターが開院 すみれ墓苑オープン 県立宝塚西谷の森公園オープン 手塚治虫生誕80周年を記念して、新作狂言「勘当息子」を宝塚で初演 宝塚市特別賞を創設
2009（平成21）	宝塚文化創造館（宝塚音楽学校旧校舎）がプレオープン 宝塚市観光大使・リボンの騎士「サファイア」誕生
2010（平成22）	JR宝塚駅の橋上化工事が完了 第1回宝塚学検定実施 長尾山古墳（山手台南公園近く）で巨大粘土槨発見
2011（平成23）	東北地方を中心に東日本大震災が発生 映画「阪急電車〜片道15分の奇跡〜」が上映公開 中央図書館山本南分室オープン 宝塚文化創造館がグランドオープン 第1回宝塚だんじりパレード開催 宝塚医療大学が開学
2012（平成24）	宝塚市高齢者・障がい者権利擁護支援センターがオープン
2013（平成25）	宝塚音楽学校100周年記念式典挙行 宝塚ガーデンフィールズ閉園
2014（平成26）	市制60周年・宝塚歌劇100周年・手塚治虫記念館20周年 宝塚市文化財団が創立20周年 宝塚歌劇団が市民栄誉賞を受賞 宝塚市大使委嘱式で16人の宝塚市大使が就任（再任を含む） 「TAKARAZUKA 1万人のラインダンス」でギネス世界記録™達成 「宝塚歌劇の殿堂」がオープン
2015（平成27）	阪神・淡路大震災20年・宝塚市犠牲者慰霊式挙行 JR宝塚駅構内に設置の介助犬シンシアモニュメントの除幕式を開催 阪急宝塚駅前広場に宝塚歌劇モニュメントを設置し、「宝塚ゆめ広場」が完成 市制60周年を記念して絵本「宝塚市の60年」を発行
2016（平成28）	宝塚市産の山田錦でつくった日本酒「乙女の舞」が発売

時期	主なできごと
2017（平成29）	木接太夫・坂上頼泰が宝塚市特別名誉市民に任命 手塚治虫誕生90周年を記念し「サファイア」入りの婚姻届を発行 新町名「仁川清風台」が誕生 中央公民館が市役所西に新築移転（2019年グランドオープン） 宝塚市・松江市　観光姉妹都市提携50周年 第60回宝塚市展を開催
2018（平成30）	新名神高速道路（近畿自動車道名古屋神戸線）が開通し、宝塚北サービスエリアが誕生 「宝塚23万人の花火大会」（全長55cmの線香花火、燃焼時間150秒）でギネス世界記録™達成 ゆずり葉台に第1号「すみれ防災スピーカー」設置
2019（平成31/令和元）	宝塚映画祭20周年 阪神競馬場開設70周年 宝来橋のたもとに「天然たんさん水　この下ニあり」の碑を設置 就職氷河期世代の採用試験を実施 宝塚市文化財団が創立25周年 第30回宝塚ベガ音楽コンクール開催 第40回ベガメサイア開催
2020（令和2）	市立文化芸術センターがオープン 西谷地区のちまきの食文化を宝塚市無形民俗文化財に指定 宝塚ホテルが栄町に移転 エフエム宝塚が開局20周年 宝塚ベガ・ホールが開館40周年 月見山・長寿ガ丘と宝塚駅を結ぶランランバスが運行開始
2021（令和3）	市花ダリアを制定 宝塚文化創造館開館10周年 市立文化芸術センターで宝塚市展と宝塚芸術展を初開催
2024（令和6）	市制70周年・宝塚歌劇110周年・手塚治虫記念館30周年を迎える 宝塚市文化財団が創立30周年 市役所第2庁舎が完成

資料編

宝塚のあゆみ

【 宝塚市の基礎知識 】

市制発足	1954（昭和29）年4月1日
諸統計	（2024（令和6）年4月1日現在）
	人口▶221,191人（男101,115人／女120,076人）
	世帯数▶96,836世帯
	学校数▶幼稚園・認定こども園22、小学校26、中学校14、養護学校1、高等学校6、大学3（公立・私学合計）
	都市公園数▶331（1人あたり面積5.71m^2）
地理	面積▶101.89k㎡
	位置▶東経135°21′36″、北緯34°47′58″（市役所の位置）
	海抜▶最高地点592.1m（小林字西山）、最低地点14.6m（仁川北1丁目7）
市民憲章	宝塚市民憲章（1969（昭和44）年5月1日）
都市宣言	安全都市宣言（1962（昭和37）年6月8日）
	非核平和都市宣言（1989（平成元）年3月7日）
	男女共同参画都市宣言（1994（同6）年10月21日）
	人権尊重都市宣言（1996（同8）年3月5日）
	環境都市宣言（1996（同8）年9月10日）
	健康都市宣言（1998（同10）年9月8日）
市章	「タカラ」の文字をデザイン化したと言われる。中央の太い線は「架け橋」をシンボライズしており、武庫川を挟んで手を結ぶ宝塚のまちを意味している。市章は、市制発足を前に一般公募が行われ、応募総数1,620点の中から小島敏夫さん（横浜市）の作品が選ばれた。

市の木・市の花・市の鳥

	市の木	サザンカ（1968（昭和43）年3月1日）
		ヤマボウシ（1995（平成7）年3月1日）
	市の花	スミレ（1968（昭和43）年3月1日）

市の花　　ダリア（2021（令和3）年3月25日）

　市の鳥　　ウグイス、セグロセキレイ（1995（平成7）年3月1日）

市　　歌　　宝塚市歌（1954（昭和29）年4月1日）

姉妹都市提携

　島根県松江市（1967（昭和42）年8月1日）

　オーガスタ・リッチモンド郡／アメリカ合衆国
　　（1989（平成元）年4月3日）

　ウィーン市第九区／オーストリア共和国
　　（1994（平成6）年10月18日）

宝塚市名誉市民（敬称略・受賞順）

　小林 一三（こばやし・いちぞう）

　平塚 嘉右衛門（ひらつか・かえもん）

　小野 兵一（おの・ひょういち）

　春日野 八千代（かすがの・やちよ）

　手塚 治虫（てづか・おさむ）

宝塚市特別名誉市民

　坂上 頼泰（木接太夫）

宝塚市国際友好名誉市民

　ボブ・ヤング（元オーガスタ市長）

宝塚市市民栄誉賞

　宝塚歌劇団

宝塚市大使（2024年10月現在／敬称略）

　海乃 美月（うみの・みつき）俳優、宝塚歌劇団OG（月組トップ娘役）

　河内 厚郎（かわうち・あつろう）文化プロデューサー、評論家

　木村 佳友＆エクラ（きむら・よしとも）介助犬シンシア・エルモ・デイジー・エクラの使用者

　榊原 史子（さかきばら・ふみこ）プロ囲碁棋士、関西棋院常務理事

　笑福亭 呂鶴（しょうふくてい・ろかく）落語家

　武知 海青（たけち・かいせい）LDH JAPAN所属 THE RAMPAGE パフォーマー

　田辺 眞人（たなべ・まこと）歴史家、園田学園女子大学名誉教授、
　　　　　　県立兵庫津ミュージアム名誉館長

資料編　宝塚市の基礎知識

程 一彦（てい・かずひこ）料理研究家

手塚 眞（てづか・まこと）ヴィジュアリスト 手塚治虫記念館名誉館長兼総合プロデューサー

寺内 健（てらうち・けん）元水泳飛び込み競技選手

中辻 悦子（なかつじ・えつこ）美術家、絵本作家

間 寛平（はざま・かんぺい）タレント（吉本興業株式会社所属）

榛名 由梨（はるな・ゆり）宝塚歌劇団OG

細川 貂々（ほそかわ・てんてん）漫画家、イラストレーター

前川 裕美（まえかわ・ゆみ）音楽家

松浦 嘉昭（まつうら・よしあき）松江市スポーツ少年団本部本部長

南 里沙（みなみ・りさ）クロマチックハーモニカ奏者

村田 由香里（むらた・ゆかり）新体操競技指導者

元永 定正（もとなが・さだまさ）現代美術家

やすみ りえ　川柳作家

吉田 輝（よしだ・あきら）元プロフットサル日本代表選手

吉田 義男（よしだ・よしお）元阪神タイガース選手・監督

宝塚市特別賞（敬称略／受賞順）

寺内 健（てらうち・けん）水泳飛び込み選手、オリンピック4大会連続出場等

馬淵 崇英（まぶち・すうえい）水泳飛び込み日本代表選手団コーチとして
　　　　　　　　　　　　　　オリンピック4大会連続出場

岡崎 慎司（おかざき・しんじ）サッカー選手、2010FIFAワールドカップ南アフリカ大会出場等

井戸木 鴻樹（いどき・こうき）ゴルフ選手、全米プロシニアゴルフ選手権優勝

山田 哲人（やまだ・てつと）プロ野球選手、
　　　　　　　　　　　　　平成27年度プロ野球セ・リーグにてトリプルスリー達成等

石井 邦生（いしい・くにお）プロ囲碁士九段、公式戦通算1000勝達成

森 信雄（もり・のぶお）プロ棋士七段、プロ棋士11人の育成や市内の将棋大会開催等

清荒神清澄寺（きよしこうじんせいちょうじ）寄付による教育向上・障碍福祉向上

寺内 健（てらうち・けん）水泳飛び込み選手、夏季オリンピック日本人最多タイの6大会出場等

三浦 璃来（みうら・りく）フィギュアスケート選手、北京オリンピック団体戦銀メダル獲得等

玉井 陸斗（たまい・りくと）水泳飛び込み選手、パリオリンピック銀メダル獲得

宝塚市役所 所在地　宝塚市東洋町1-1

【宝塚ライブラリー】
宝塚をもっと学ぶために
(出版年順)

■文化・歴史・社会

塙保己一・編『群書類従：第九集／藤原光経集』経済雑誌社　1894年
仲彦三郎・編『西摂大観』郡部　明輝社　1911年
『川辺郡誌』川辺郡誌編纂会　1914年
『武庫郡誌』武庫郡教育会編纂　1921年
『阪神急行電鉄二十五年史』阪神急行電鉄　1932年
牧田繁好『宝塚温泉の今昔』1936年
『阪神急行電鉄五十年史』阪神急行電鉄　1959年
『宝塚歌劇五十周年』宝塚歌劇団　1964年
『小林一三翁の追想』阪急電鉄　1970年
『宝塚市史』宝塚市　1975－80年
『宝塚ゴルフ倶楽部50年史』宝塚ゴルフ倶楽部　1976年
『仏画に美を求めて』石川晴彦著書刊行会　1978年
『摂津名所図会』上下巻／復刻版　古典籍刊行会　1979年
阪田寛夫『わが小林一三　清く正しく美しく』河出書房新社　1983年
『市史研究紀要　たからづか』宝塚市教育委員会　1984－2023年
『宝塚の民話』第一・二集　宝塚市教育委員会　1990・94年
『角川日本地名大辞典：28兵庫県』角川書店　1993年
『小浜宿』小浜の町並みを愛する会　1994年
河内厚郎・編著『阪神学事始』神戸新聞総合出版センター　1994年
豊田善敬『桂春団治　はなしの世界』東方出版　1996年
足立裕司・編『ウィルキンソンタンサン鉱泉株式会社宝塚工場調査報告書』西宮市教　育委員会　1996年
津金澤聰廣・名取千里『タカラヅカ・ベルエポック』神戸新聞総合出版センター　1997年
「阪神間モダニズム」展実行委員会『阪神間モダニズム』淡交社　1997年
『石川晴彦画集』京都新聞社　1998年
『宝塚雲雀丘・花屋敷物語』宝塚雲雀丘・花屋敷物語編集委員会　2000年
『宝塚温泉物語』宝塚市　2002年
宝塚市大事典編集委員会・編『宝塚市大事典』宝塚市　2005年
大国正美編著『古地図で見る阪神間の地名』神戸新聞総合出版センター　2005年

田辺眞人・辻川敦『神戸阪神歴史探訪』神文書院　2005 年
『100 年のあゆみ　通史』阪急阪神ホールディングス　2008 年
『長尾山古墳第 2 次発掘調査概報』宝塚市教育委員会　2009 年
直宮憲一『宝塚の歴史を歩く』宝塚出版　2011 年
根岸一美『ヨーゼフ・ラスカと宝塚交響楽団』大阪大学出版会　2012 年
中野正昭・編『ステージ・ショウの時代』森和社　2015 年
小林一三『逸翁自叙伝：阪急創業者・小林一三の回想』講談社　2016 年
『市史研究紀要たからづか』宝塚市教育委員会　第 1 号〜 31 号　1984 年〜 2024 年

■文　学

山口誓子『凍港』素人社書屋　1932 年
菊田一夫『がしんたれ』光文社　1959 年
岩野泡鳴『岩野泡鳴集』明治文学全集 71　筑摩書房　1965 年（『ぼんち』1913 年）
水上勉　『櫻守』新潮社　1970 年
井上靖『ある落日』井上靖小説全集 19　新潮社　1974 年（『孤猿』1956 年）
『たからづかの古迹と文学』宝塚市教育委員会　1974 年
遠藤周作『砂の城』主婦の友社　1976 年
栗山良八郎『宝塚海軍航空隊』文藝春秋　1981 年
吉川英治『吉川英治全集 10』講談社　1983 年（『あるぷす大将』1934 年）
田辺聖子『夢の菓子をたべて―わが愛の宝塚』講談社　1983 年
『枕草子』新日本古典文学大系 25　岩波書店　1991 年
『蕪村全集　第一巻　発句』講談社　1992 年
須賀敦子『ユルスナールの靴』河出書房新社　1996 年
遠藤周作『心のふるさと』文藝春秋　1997 年
『謡曲集②』新編日本古典文学全集 59　小学館　1998 年（観世小次郎信光『船弁慶』）
織田作之助『聴雨・蛍　織田作之助短編集』ちくま文庫　2000 年（『郷愁』1946 年）
『萬葉集』二：新日本古典文学大系　岩波書店　2000 年
有川浩『阪急電車』幻冬社　2008 年

■自　然

『宝塚の野鳥』宝塚市教育委員会　1983 年
『宝塚の植物Ⅰ』宝塚市教育委員会　1986 年
田中眞吾・編著『六甲山の地理　その自然と暮らし』神戸新聞出版センター　1988 年
『宝塚の昆虫類Ⅰ』宝塚市教育委員会　1992 年
『生物多様性たからづか戦略』宝塚市　2012 年

【監修者】

田辺 眞人（たなべ・まこと）

　県立兵庫津ミュージアム名誉館長・兵庫県阪神シニアカレッジ学長・園田学園女子大学名誉教授・宝塚市大使。地方教育行政功労者表彰（文部科学大臣表彰）、兵庫県文化賞、神戸市文化賞、宝塚市市民文化賞、放送文化基金賞などを受ける。ラジオ関西「田辺眞人のラジオレクチャー」（毎週土曜朝8時15分〜）出演。著・共著書に『ふるさと宝塚　宝塚市制60周年記念写真集』『神戸の伝説』『六甲山』『宝塚市大事典』『神戸阪神歴史探訪』『神戸かいわい歴史を歩く』など多数。

【編集顧問】

足立 勲（あだち・いさお）

　自然体験教育研究所主宰。小・中学校長、県立人と自然の博物館職員、関西学院大学講師、環境省ESD環境教育プログラム作成展開事業プロデューサーなどを歴任。現在は環境都市宝塚推進市民会議顧問、兵庫県自然保護指導員、宝塚市自然保護協会顧問なども務める。自然公園等功労者環境大臣表彰、兵庫県環境功労者表彰などの表彰歴。生物調査・テレビラジオ出演・自然解説者としても活躍中。『兵庫の自然』『宝塚市大事典』『解剖・観察・飼育大事典』『実験観察大事典（生物）』（いずれも共著）など多数。

河内 厚郎（かわうち・あつろう）

　演劇評論家、文化プロデューサー。宝塚市大使。宝塚映画祭実行委員長。大阪市「咲くやこの花賞」、読売新聞「読売賞」、兵庫県文化賞などを受ける。「関西文学」編集長を2期15年務める。現在、「はびきの市民大学」学長、（公財）阪急文化財団理事、兵庫県立芸術文化センター特別参与。時事通信の書評を担当。著書『淀川ものがたり』『わたしの風姿花伝』、編著『手塚治虫のふるさと・宝塚』、共著『阪神観—「間」の文化快楽』、対談集『関西弁探検』『大阪探偵団』など。阪神ゆかりの芸能者百人を百年かけて顕彰する「百太夫広場」の構想を打ち出す。

直宮 憲一（なおみや・けんいち）

　歴史研究者。宝塚ユネスコ協会会長。宝塚市教育委員会で文化財の調査・保護・保存・活用に携わる。『宝塚市史』の作成、各種埋蔵文化財の発掘調査のほか、国指定史跡・中山荘園古墳の調査・保存整備、市立小浜宿資料館、旧東家住宅、旧和田家住宅等の復元保存、国指定文化財・中筋八幡神社の修理保存、阪神・淡路大震災により被災した文化財の修理保存事業に携わる。著書に『宝塚の文化財』『宝塚の古墳』『宝塚の歴史を歩く』などがある。

【イラスト】
細川 貂々（ほそかわ・てんてん）

　1969年、埼玉県生まれ。宝塚市在住。宝塚市大使。漫画家・こどもの本の作家。『ツレがうつになりまして。』（幻冬舎）がテレビドラマ化、映画化される。『がっこうのてんこちゃん』（福音館書店）で産経児童出版文化賞ニッポン放送賞受賞。現在、兵庫県宝塚市で、生きづらさを抱えた人たちが集う「生きるのヘタ会？」「凸凹ある会？」を主宰。宝塚市広報「たからづか」にて「てんさんぽ」連載中。

【主筆】
谷口 義子（たにぐち・よしこ）

　神戸学院大学非常勤講師。神戸芸術文化会議会員、神戸外国人居留地研究会監事。神戸市灘区80周年史編集委員、神戸市「KOBE de 清盛2012」歴史館展示企画委員などを歴任。兵庫県こうのとり賞、宝塚市市民文化賞。ＮＨＫ朝の連続テレビ小説「べっぴんさん」神戸風俗考証、兵庫県立芸術文化センター「ひょうごの民俗芸能祭」調査・台本制作などを担当。共著書に『灘の歴史』『平清盛と神戸』『宝塚市制60周年記念写真集ふるさと宝塚』『神戸の150年』『近代神戸の群像−居留地の街から』などがある。

【編集】
公益財団法人宝塚市文化財団

　地域文化の創造に寄与することを目的として、1994（平成6）年4月設立。地域社会とアーティスト・観光・商工業など、様々な分野をつなぐ「地域のつなぎ手」として、市内の文化芸術活動を推進。宝塚学検定をはじめとする多くの文化事業を展開している。
　電話　0797-85-8844　公式ホームページ　https://takarazuka-c.jp/

【画像提供・協力】（敬称略）

アサヒ飲料株式会社／足立勲／公益財団法人東洋食品研究所／宝塚温泉ホテル若水／宝塚歌劇団／宝塚市／宝塚市教育委員会／宝塚市国際観光協会／宝塚商工会議所／宝塚市立中央図書館／宝塚市立手塚治虫記念館／宝塚市立文化芸術センター／田辺眞人／辻則彦／手塚プロダクション／鉄斎美術館／丹羽周子／阪急文化財団池田文庫／森田至／森本敏一

宝塚まちかど魅力発見!
宝塚学検定公式テキスト 新版

2024年12月25日　初版第1刷発行

監　修＿＿田辺　眞人
編　者＿＿公益財団法人 宝塚市文化財団
発行者＿＿金元　昌弘
発行所＿＿神戸新聞総合出版センター
　　　　　〒650-0044　神戸市中央区東川崎町1-5-7
　　　　　TEL 078-362-7140／FAX 078-361-7552
　　　　　https://kobe-yomitai.jp

装丁・組版／神原　宏一
印刷／株式会社神戸新聞総合印刷

落丁・乱丁本はお取替えいたします
Ⓒ2024, Printed in Japan
ISBN978-4-343-01247-0 C0026